ENCONTROS
COM
ARIANE
MNOUCHKINE

SERVIÇO SOCIAL DO COMÉRCIO
Administração Regional no Estado de São Paulo

Presidente do Conselho Regional
Abram Szajman
Diretor Regional
Danilo Santos de Miranda

Conselho Editorial
Ivan Giannini
Joel Naimayer Padula
Luiz Deoclécio Massaro Galina
Sérgio José Battistelli

Edições Sesc São Paulo
Gerente Iã Paulo Ribeiro
Gerente adjunta Isabel M. M. Alexandre
Coordenação editorial Clívia Ramiro, Cristianne Lameirinha, Francis Manzoni
Produção editorial Antonio Carlos Vilela
Coordenação gráfica Katia Verissimo
Produção gráfica Fabio Pinotti
Coordenação de comunicação Bruna Zarnoviec Daniel

ENCONTROS COM ARIANE MNOUCHKINE

erguendo um
monumento
ao efêmero

2ª edição
revista e ampliada

JOSETTE FÉRAL

TRADUÇÃO Marcelo Gomes

Título original: *Rencontres avec Ariane Mnouchkine:
dresser un monument à l'éphémère, par Josette Féral*
Copyright © 1995, Éditions XYZ Inc.

1ª edição 2010: Editora Senac São Paulo e Edições Sesc São Paulo

2ª edição © Edições Sesc São Paulo, 2021
Todos os direitos reservados

Tradução **Marcelo Gomes**
Edição de texto **Adalberto Luís de Oliveira**
Preparação **Maria Viana**
Revisão **Daniel Viana, Edna Viana, Ivone P. B. Groenitz, Silvia Almeida**
Projeto gráfico, capa e diagramação **Tereza Bettinardi**
Assistente **Barbara Cutlak**
Foto da capa **Martine Franck/Magnum**

Dados Internacionais de Catalogação (CIP)

F8432e   Féral, Josette
            Encontros com Ariane Mnouchkine: erguendo um
            monumento ao efêmero / Josette Féral; tradução
            de Marcelo Gomes. – 2. ed. revista e ampliada. –
            São Paulo: Edições Sesc São Paulo, 2021.
            – 160 p. il.: fotografias.

            ISBN 978-65-86111-08-8

1. Teatro. 2. Teatro experimental. 3. Arte da *performance*.
4. Ariane Mnouchkine. 5. Entrevistas. 6. Théâtre du Soleil.
7. Jogo teatral. 8. *Commedia dell'arte*. I. Título. II. Gomes,
Marcelo. III. Mnouchkine, Ariane.

                                              CDD-792

Edições Sesc São Paulo
Rua Serra da Bocaina, 570 – 11º andar
03174-000 – São Paulo SP Brasil
Tel.: 55 11 2607-9400
edicoes@sescsp.org.br
sescsp.org.br/edicoes
🅕 🅨 🅞 🅟 /edicoessescsp

NOTA À SEGUNDA EDIÇÃO BRASILEIRA

Ariane Mnouchkine fundou o Théâtre du Soleil em 1964 com seus companheiros da Associação Teatral dos Estudantes de Paris. Ao longo da década de 1970, o Soleil foi se firmando como uma das principais companhias teatrais do mundo, tanto por suas pesquisas e inovações cênicas quanto pela organização do trabalho. Na montagem de uma peça, atores e atrizes passam por vários papéis e funções antes que se defina o elenco, e todos recebem o mesmo salário.

Esse estilo comunal de trabalho rende espetáculos que são experiências completas para os espectadores, desde o momento em que entram na Cartoucherie, a sede do Théâtre du Soleil no bosque de Vincennes, nos arredores de Paris. Os camarins são abertos e os atores se preparam à vista do público. Frequentemente, a experiência teatral inclui um jantar no qual o público é servido pela companhia.

Em *Encontros com Ariane*, a pesquisadora e professora canadense Josette Féral visita a Cartoucherie para uma série de entrevistas com a encenadora francesa. Acompanham-na pesquisadores de outras universidades e estudantes de teatro e ensino médio. Como resultado, a abrangência das questões abordadas atende do estudante ao pesquisador de teatro nesta obra de referência.

A grandiosidade de um espetáculo do Soleil é uma vivência inesquecível, e o Sesc São Paulo a proporcionou ao público brasileiro em duas oportunidades: em 2007, com o espetáculo *Les Éphémères* (Os efêmeros), e em 2011, com *Os náufragos do Louca Esperança*, na forma de uma experiência cultural abrangente, com apresentações acompanhadas de *workshops*, exibição de documentários, encontros com o público e até jantares.

Para recuperar essa experiência e ampliar o acesso do leitor ao universo do Théâtre du Soleil de Ariane Mnouchkine, esta segunda edição revista e ampliada traz o registro desses dois espetáculos realizados no Sesc Belenzinho por meio de um caderno de fotos coloridas e de um posfácio escrito pela pesquisadora e produtora artística Andrea Caruso Saturnino.

CENA DE *NOITE DE REIS*.

AGRADECIMENTOS

Um livro, por mais simples que seja, raramente é obra de apenas uma pessoa. Este não foge à regra. Faço questão de agradecer àqueles que, próximos ou distantes – e não foram poucos –, contribuíram para que essas entrevistas fossem possíveis. Em primeiro lugar, ao Théâtre du Soleil (Sophie Moscoso, Pierre Salesne, Liliana Andreoni, Sarah Cornell) e, claro, a Ariane Mnouchkine, que concordou em responder a todas as perguntas, e ao Conselho de Pesquisas em Ciências Sociais e Humanas do Canadá (CSRH), que financiou em parte esta pesquisa.

Um agradecimento muito especial a Elisabeth Larsen, que, com olhar atento e energia inesgotável, fez a releitura minuciosa do manuscrito, realizando todas as modificações necessárias. Agradeço também a Martine Franck e à agência Magnum, por autorizarem a reprodução das fotos de Ariane Mnouchkine e do Théâtre du Soleil.

JOSETTE FÉRAL

17	**PREFÁCIO: A ARTE DO EFÊMERO**	
	Paulo Vieira	
27	**INTRODUÇÃO**	
33	**A INTERPRETAÇÃO NO TEATRO DE ARIANE MNOUCHKINE**	
43	**UM ESTÁGIO NO SOLEIL: UMA EXTRAORDINÁRIA LIÇÃO DE TEATRO**	
58	**ENTREVISTA COM ARIANE MNOUCHKINE: NÃO SE INVENTAM MAIS TEORIAS DA INTERPRETAÇÃO**	
70	**ENCONTRO PÚBLICO DO SOLEIL COM AS ESCOLAS DE TEATRO: UM GRUPO COMEÇA COM UM SONHO**	
113	O THÉÂTRE DU SOLEIL NO SESC SÃO PAULO	
	Andrea Caruso Saturnino	
125	SOBRE A AUTORA	
127	CRÉDITOS ICONOGRÁFICOS	
128	LES ÉPHÉMÈRES	
144	OS NÁUFRAGOS DO LOUCA ESPERANÇA	

PREFÁCIO:
A ARTE
DO EFÊMERO

Em 1994 eu entrei pela primeira vez na Cartoucherie. Não tenho palavras para descrever o que foi e o que significou pisar naquele chão e ver – com olhos de não acreditar – enormes galpões que abrigavam o que era para mim um mito: a sede do Théâtre du Soleil. Não posso negar que tudo ali me encantava: a beleza do Bosque de Vincennes, o silêncio, a calma e a tranquilidade que parecia algo inerente, não sei, mas algo que me transmitia a sensação de uma enorme paz, como se fosse um templo, um lugar sagrado. Eu, com o meu olhar estrangeiro, respirava aquele ar que em tudo rescendia a teatro. Era o mesmo sentimento que eu havia experimentado alguns anos antes, e que de alguma maneira se perdeu ou adormeceu em mim, quando eu pisei num palco pela primeira vez.

Estava em cartaz por aqueles dias *La Ville parjure*. Eu já tão acostumado a elencos que nos camarins, enquanto se preparam para o espetáculo, em geral brincam e conversam muitas vezes animadamente enquanto não soa o sinal – ou enquanto não se aproxima a hora de soar o sinal, quando então se concentram em uma mandala com as mãos dadas e a energia posta a serviço do conjunto e do espetáculo –, não deixei de admirar a imensa concentração no camarim do Soleil: os atores expostos aos olhares do público, que os via se maquiarem e se prepararem para a cena enquanto se acomodava na arquibancada.

Um grande teatro tem necessariamente o seu diferencial, e este surge nos detalhes que não são visíveis ao público. Tem qualquer coisa de encantador. Talvez de ritualístico, mesmo que o rito seja inteiramente pagão, mas só por ser rito já me parece mágico, quando não místico. Eu tenho para mim que a arte do ator é a de servir, mas com determinada cerimônia, servir seu corpo e sua alma ao público por meio do espetáculo, para que dessa maneira a emoção estética ganhe dimensão. Esse talvez seja o grande papel do ator. E foi isso o que mais me chamou a atenção naquela noite no Soleil, principalmente quando, no intervalo do espetáculo, eu vejo nada menos do que a própria Ariane, com um sorriso no rosto, uma bandeja na mão, um gesto comovente de humildade, servindo lanche ao público. Parecia que não lhe bastava servir a beleza do seu espetáculo; era necessário servir ela mesma ao seu público.

Não deixou de ser um grande espanto: eu estava diante de uma das pessoas mais importantes do teatro contemporâneo. Não do teatro francês, nem do teatro europeu, mas do teatro do mundo, o grande teatro do mundo, para não deixar de citar o Século de Ouro espanhol, no qual grandes transformações políticas, estéticas, científicas e humanísticas vieram à luz.

Vivemos durante o século XX o nosso momento de século de ouro também. Todas as certezas foram postas sob suspeita, e, no campo do teatro, todas as certezas ruíram uma após outra como pedras de dominó. O teatro – o francês em particular –, que atravessou o tempo e a história construindo um discurso lógico e coerente sobre a cena, a partir do instante em que Antonin Artaud, o autor de *O teatro e o seu duplo*, assistiu em Paris à apresentação de uma companhia de teatro de Bali, percebeu que o teatro é oriental.

Afirmar que o teatro é oriental significa muito mais do que uma expressão de espanto ou de encantamento, significa, na verdade, uma subversão dos valores ocidentais, construídos sobretudo e basicamente a partir do texto. Trata-se de um legado rico e extenso sobre o qual séculos de tradição teatral foram erguidos. Um verdadeiro monumento. Não ao efêmero, contrariando a própria essência do teatro, mas ao permanente, ao eterno enquanto dure. Foi sobre essa relação ainda hoje de paixão e conflito que se estabeleceu a partir de Artaud, cuja influência poética se fez sentir sobretudo nos diretores de vanguarda dos anos 1960, entre os quais Ariane Mnouchkine. Ao contrário do Ocidente, o Oriente não possui a mesma tradição textual, entretanto o seu teatro é basicamente um ato físico e, mais do que isso, ritualístico, cujos atores são preparados minuciosamente em todas as possibilidades de movimento corporal desde muito jovens.

Mas não data sequer de Artaud o fascínio pelo teatro oriental. Isso vem desde Stanislavski e o seu método das ações físicas, passando pelas pesquisas biomecânicas de Meyerhold, chegando até Brecht, e depois se estendendo, sobretudo, a Eugênio Barba. Talvez a grande contribuição do teatro oriental tenha sido a de revelar as possibilidades expressivas do corpo. A partir dele buscou-se um método eficaz para o controle das emoções por parte do ator, que dessa maneira pôde se livrar inclusive de outra técnica, qual seja, a construção de uma psicologia para a personagem, que, de acordo com Ariane Mnouchkine, é preciso que seja inventada de uma ponta a outra, caso alguém queira trabalhar nesse sentido.

Durante os anos 1960, quando Ariane começou a sua carreira de encenadora, eram muitas as questões postas para o teatro: a condição do ator, o lugar e o sentido do texto na cena, sobretudo a partir do surgimento de Beckett e Ionesco, epígonos do Teatro do Absurdo, a abertura de espaços alternativos, o *happening* incorporando muitas das transgressões estéticas – e políticas – propostas pelas vanguardas dos primeiros vinte anos do século, abrindo os caminhos da teatralidade com a utilização de improvisações ou de ações espontâneas, mímicas, dança, música, tudo o que pudesse causar certo estranhamento de gosto, abrindo espaço para o que seria posteriormente a arte da *performance*, que desde o princípio não se pretendia eterna nem modelar. Jean-Jacques Roubine, que lecionou teatro na Universidade de Paris VII, afirma que o teatro do século XX se tornou tolerante e acolhedor a todas as tentativas e a todas as teorias.

Pois é nesse contexto que chama a atenção, tanto pela longevidade quanto pela inquietação estética, a aventura vivida por Ariane Mnouchkine à frente de sua trupe, o Théâtre du Soleil. Em 1977, Catherine Mounier, pesquisadora do Centre National de la Recherche Scientifique, em Paris, ao escrever sobre *1793*, um dos espetáculos do Soleil que marcou época, apressou-se em dizer que a posição do grupo no sistema teatral francês era perfeitamente original. Josette Féral diria a mesma coisa, lembrando a estrutura coletiva na qual o Living Theater forneceu o exemplo memorável.

A aventura do Soleil teve início em 1960, quando Ariane fundou um grupo de teatro universitário, o Atep – Association Théâtrale des Étudiants de Paris. Dois espetáculos foram então criados: *Gengis Khan*, de Henri Bauchau, e *Noces de sang*, de Lorca. Em 1962, os membros do Atep se separaram e Ariane fez uma longa viagem pelo Oriente, sobretudo pelo Cambodja e o Japão, onde se familiarizaria com as diferentes formas do teatro oriental. Enquanto isso, os demais membros do grupo fizeram o serviço militar, estudaram ou trabalharam. Dois anos mais tarde, Ariane Mnouchkine, Gérard Hardy e outros amigos fundaram a Compagnie du Théâtre du Soleil, afirmando-se desta feita como profissionais. Segundo Catherine Mounier, ambição, fé no futuro e dinamismo caracterizam a companhia desde a sua criação. As montagens se sucederam com regularidade, embora irregular fosse o pagamento aos membros do grupo, obrigando-os a trabalhar paralelamente para ganhar a vida. Assim foram realizados *Os pequenos burgueses* (1964), de Gorki, adaptação de Adamov, e *Capitaine Fracasse* (1965), de Théophile Gautier. O primeiro sucesso somente viria a acontecer em 1967, com *La cuisine*, de Arnold Wesker, no Circo Médrano, quando a Companhia foi reconhecida no ambiente teatral como uma trupe. As qualidades de encenadora de Ariane se afirmaram de maneira explosiva.

Em 1968, outro sucesso, *Sonho de uma noite de verão*, de Shakespeare. Vieram os acontecimentos de maio de 68, quando os estudantes de Paris saíram às ruas, construindo barricadas, reclamando por liberdades, como que anunciando um novo tempo, um novo modelo de contrato social, repetição de um velho desejo.

A inquietação das ruas chegou ao Théâtre du Soleil, resultando numa prática de vida comunitária. Os dias foram consagrados aos exercícios e às improvisações. Algumas entre elas foram apresentadas à comunidade, à noite. Das improvisações, da vida comunitária e dos acontecimentos de maio de 68 nasceu a reflexão aprofundada sobre o sentido da atividade teatral, inclusive uma tomada de posição política, um desejo de compreender, de analisar e de se situar em relação à história, sem que jamais preexistisse uma teoria elaborada, criando-se assim o hábito da reflexão, no Théâtre du Soleil, de não se deixar dirigir pelos acontecimentos. As relações de trabalho foram repensadas e um salário igual seria pago a cada membro do grupo, enquanto a criação coletiva se impôs como forma de criação dos novos espetáculos.

Parece evidente – disse Ariane – que uma trupe como o Théâtre du Soleil começa por um sonho e continua pela permanência do sonho. Para ela, fazer teatro fora de um grupo que compartilhe da mesma pesquisa parece absolutamente inconcebível. Esta é a única forma de aprender teatro.

Portanto, nascido sob a inspiração de um grupo que agia como uma família – ou uma tribo –, dividindo ao mesmo tempo a cozinha e a esperança, o Théâtre du Soleil penetrou como nenhum outro grupo nos problemas estéticos contemporâneos, buscando a cada vez inspiração em Brecht, em Artaud, na *commedia dell'arte*, no teatro oriental e na enorme tradição do teatro ocidental – o texto escrito para a cena e tudo o que a partir dele é gerado enquanto problema que um encenador moderno ainda enfrenta. Um deles, por exemplo, é o de definir claramente o que vem a ser natural e real no universo ficcional. Esse é o reino dos conceitos. Movimentar-se nele significa entender determinada semântica e fazer uma opção estética. O realismo é uma transposição para ver as coisas como elas são. Como consequência, o naturalismo é uma tendência literária e artística que representa a vida e a natureza como elas são. Esses conceitos, que aparentam ser tão simples, na verdade causam um enorme problema na prática teatral, que por sua natureza tende a ser reflexo da vida tal qual ela é. Uma vida ficcional, entretanto em choque com o ator que muitas vezes não tem a devida clareza de que o seu movimento é estético, e por isso mesmo só é real no universo virtual do palco. O problema posto foi assim resolvido por Ariane Mnouchkine em poucas e claras palavras: se é como a vida, não é teatro.

Como deve então fazer um encenador para romper com essa dicotomia entre o real e o aparente?

Antoine, historicamente apontado como o primeiro encenador da era moderna, buscava o movimento que traduzisse a realidade da cena. Ariane Mnouchkine faz o contrário, busca o desenho da ação: "Toca-me muitas vezes que em teatro os atores não param jamais. Eles estão sempre agitados e tudo fica, pois, confuso aparentemente. Não há desenho da ação".

A diferença resultante não é apenas um ponto de vista sobre a cena, mas também a definição de um conceito para a cena. Parar não significa apenas deter o movimento físico do ator, mas também suspender momentaneamente a paixão que move a personagem no corpo do ator. Por isso o exemplo que Ariane deu, pois, quando ela dizia para um ator estagiário – ou seja, alguém ainda não familiarizado com a sua semântica – "Pare!", diante da insistência da encenadora, era comum o ator responder que estava parado. A resposta de Ariane era: pare verdadeiramente. Quer dizer, detenha a paixão que transborda da personagem para a cena.

Ariane Mnouchkine chama de "paixão da personagem" aquilo que o dramaturgo sueco August Strindberg, apontado como um dos inventores do teatro moderno, chamava de "drama psíquico". Ora, drama psíquico, quem o tem são pessoas. Segundo a mentora do Soleil, quando um ator tenta abordar Agamêmnon, Ifigênia ou Clitemnestra, procurando a psicologia das personagens, ele é obrigado a inventá-la de uma ponta à outra, porque o que há em um texto são objetivos movidos pelas paixões. Sobre esse assunto, Catherine Mounier escreveu a propósito de L'Âge d'or, a quarta criação coletiva do Soleil, em 1975: "Os pequenos gestos que escondem o desenho são banidos. Nada deve ser pequeno, quer dizer, familiar, cotidiano. A precisão implica amplificação, engrandecimento. Um gesto deve cortar o espaço, qualificá-lo como uma escultura. Ele precisa ser incisivo, enorme. Crescido, o gesto não aparenta mais como natural. Ele pode ser até grotesco, aprofundando assim o cotidiano".

O que motiva o gesto no ator é a personagem que dentro dele há. Numa concepção naturalista/realista, como a de Strindberg, a personagem representa o homem. Uma vez significando o homem, a personagem é algo exterior ao ator, algo que ele toma emprestado ao texto. Em Brecht, essa apropriação de um elemento do texto serve para demonstrar um fato, um acontecimento, analisá-lo e compreendê-lo. Ao passo que Ariane parte do princípio de que o ator é um receptáculo ativo, que deve, ao mesmo tempo, ser côncavo e convexo. Côncavo para receber, convexo para projetar. Entrar para a cena significa entrar num lugar simbólico, onde tudo é musical e poético. De onde se conclui que a personagem é ela mesma algo de simbólico, musical e poético, pois somente isso justificaria a necessidade de o ator parar, verdadeiramente desenhando a cena. Inventar um jogo teatral significa também inventar um verbo que não seja totalmente emprestado da realidade, diz Catherine Mounier. Talvez não seja exagero lembrar que o teatro é algo que possui a sua própria verdade, e esta não é a mesma da realidade. Esse vem a ser o motivo pelo qual Ariane, durante o jogo de preparação do ator, toma uma direção contrária a que Stanislavski apontou, trabalhando antes as situações propostas do que as emoções que são, a seu ver, o resultado do encontro entre o ator e o espectador. Esse encontro, que por fim contém algo do sagrado, da religiosidade que Ariane Mnouchkine afirma que necessita, se dá pela intermediação do jogo, não da representação, pois "representar" é uma forma não verossímil de intermediar aquilo que há no mundo imaginário do palco. Significa, em outras palavras, distanciar-se do elemento poético que constitui a personagem, diferenciá-la, mostrá-la como algo à parte, estranha em sua paixão. A fim de que não haja um rompimento, um distanciamento prejudicial à emoção na cena, faz-se necessário mudar a relação do ator com a personagem, quando, então, o ator deve passar do plano da "representação" para o plano do "jogo". Segundo Ariane, o jogo dramático é uma tradução de qualquer coisa de imaterial. É por meio do corpo do ator que essa emoção se opera. Nesse caso, o ator é um duplo tradutor, pois a sua própria tradução deve ser também traduzida.

 O jogo teatral possui as suas próprias leis, que são, em última análise, as mesmas que orientaram o teatro desde a Antiguidade clássica. Acontece que, antes, as leis – de unidades para o texto, de verossimilhança para a cena – pertenciam ao plano da representação. No plano do jogo, as leis do teatro são sutis, voláteis, desmancham-se no ar. "Eu as descubro uma noite e depois, de manhã, preciso procurá-las de novo, pois elas desapareceram", disse Ariane, quando questionada sobre o assunto. E completou: "Às vezes tenho a impressão de que em um ensaio passo a lembrar de leis que pensava perfeitamente conhecer até então. De repente, durante um ensaio, não há mais teatro. Um ator não consegue mais jogar, um encenador não consegue mais ajudar um ator. Eu me pergunto por que e não compreendo. Tenho a impressão de haver respeitado as leis e de fato, subitamente, percebo que esqueci o essencial, como estar presente".

 Eis, então, a lei que deve ser fundamental para o jogo teatral que Ariane Mnouchkine propõe aos seus atores: estar presente. O jogo acontece quando a cena acontece e vice-versa. Esse é o ponto crucial de toda a sua encenação. É a partir desse dado que ela trabalha a preparação da personagem entre os seus atores, pois, se ela recusa uma psicologia para as personagens, recusa, portanto, um passado. Quando a encenadora ajuda a sua trupe a preparar-se para o jogo com as personagens (não posso no caso dizer "preparar o papel", pois essa é uma ideia stanislavskiana), não faz esse trabalho a partir de qualquer "memória" (outro contraponto stanislavskiano) afetiva ou não. A personagem é paixão e poesia. Que se manifestam no momento em que o jogo acontece. Ou em suas palavras: "Eu penso que o teatro é a arte do presente para o ator. Não há passado, não há futuro. Há o presente, o ato presente".

Em contraponto ao autor, que durante séculos propôs as teorias fundamentais do teatro, isso que Jean-Jacques Roubine chama de "imperialismo teórico", a elaboração de um modelo ou a afirmação de um ideal de teatro parece que é atualmente uma função exercida pelo encenador, e um dos resultados mais visíveis de toda a inquietação que marcou a pesquisa dos encenadores foi o de buscar as origens da teatralidade, retornar às fontes, refazer e, sobretudo, recuperar uma linguagem que foi, antes de tudo, popular, essencialmente popular e, consequentemente, dir-se-ia, essencialmente teatral. Brecht indicou o caminho: a fonte tradicional do teatro está na feira, no teatro popular praticado nas ruas. Meyerhold direcionou a sua pesquisa biomecânica para a mesma via. Gaston Baty apontou o dedo para o mesmo lugar. É preciso retornar às fontes! Ou seja: é necessário voltar o olhar para a *commedia dell'arte*, o teatro essencialmente de atores, de prestidigitadores, de acrobatas e de geniais improvisadores que jamais deixaram um texto completamente escrito, subvertendo dessa forma a tradição da eloquência ocidental que Marc Fumaroli estudou num exaustivo ensaio, *A idade da eloquência*. Pois, se fora essa tradição que orientara a estética do teatro até meados do século XX, fazia-se necessário romper com ela, não apenas porque a linguagem escrita no teatro teria chegado a um esgotamento, como também estaríamos no limiar de uma nova civilização, a da imagem, demonstrada por Umberto Eco em diversos ensaios. Não fora sem propósito que Jean Jacquot, pesquisador do Centre National de la Recherche Scientifique, analisando a peça *O último adeus de Armstrong*, de John Harden, afirmou que suas inovações em matéria de composição dramática e de técnica cênica deviam muito à descoberta de uma tradição, de um retorno às fontes do teatro e que estabeleciam um outro tipo de relação entre a cena e o público. Essas fontes eram, no caso, o teatro inglês da Idade Média e da Renascença.

Retornar às fontes, no caso de Ariane, significava também mergulhar na tradição da *commedia dell'arte*, recuperar o jogo com a máscara, como em *L'âge d'or*, por exemplo, no programa no qual o ator Philippe Caubère afirmou que eles estavam se dando conta de que haviam partido para a exploração de um gênero teatral que era, ao mesmo tempo, radicalmente novo e profundamente tradicional. Esse gênero é baseado na máscara. O jogo deve vir da relação que o ator possa estabelecer com ela, bastando, de início, que ele tenha uma imagem precisa e perfeitamente transposta de sua personagem. A partir desse instante, ele trabalharia o ritmo segundo o qual se movimentaria e se exprimiria: a voz, o timbre, eventualmente o sotaque.

O teatro contemporâneo vive entre a tradição e a modernidade. Afirmar tal coisa parece um paradoxo, e, pensando melhor, é um paradoxo. Que foi estabelecido sobretudo depois da tempestade e do ímpeto das vanguardas históricas, quando todas as certezas ruíram, quando a busca pelo novo, pela nova arte que expressasse um novo tempo, uma nova linguagem, um outro ponto de vista, algo sintonizado com a relatividade das coisas e que pudesse expressar essa relatividade, fez com que o olhar para o futuro de alguma maneira invertesse a direção e apontasse para a permanência de um passado no presente, um passado nem sempre tão visível, uma tradição que se mantém, e por isso é atual, é moderna, é contemporânea, é o cerne de uma arte. Por exemplo: as técnicas corporais do ator, mas não do ator de *boulevard*, mas do ator de feira, da rua, do circo, da *commedia dell'arte* italiana, uma tradição que de alguma maneira aproxima o Ocidente do Oriente.

As águas dessa fonte foram bebidas por grandes mestres do teatro europeu do século XX, entre eles Brecht, que representou sem dúvida uma grande influência sobre o pensamento de Ariane, e que de alguma forma permanece não apenas em relação à cena, como também em relação às motivações sociais e políticas que conduzem a escolha dos espetáculos que vão para a cena, desde 1789 (espetáculo de 1970), ou até antes. Catherine Mounier chegou a precisar a data em que Ariane Mnouchkine se deixou influenciar por Brecht e sua trupe, o Berliner Ensemble: em 1954, quando a companhia do dramaturgo alemão foi a Paris.

Em seu livro sobre as grandes teorias do teatro, Jean-Jacques Roubine observa que Ariane Mnouchkine, no ritmo de 1968, inventa, com *1789*, um modelo teatral que, por caminhos originais, cumpre todas as exigências brechtianas: a festa, o prazer e a reflexão crítica. E esse teatro não deixará mais de reinventar Brecht, isto é, de mantê-lo vivo em vez de mumificá-lo. Verdadeira fidelidade que, com grande senso da exuberância teatral, mas lucidamente disciplinada, retoma bom número dos procedimentos do teatro épico, entre os quais: a alternância de quadros; mensagens ao público; misturas de figuras clownescas irreais e de personagens que reproduzem fielmente seus modelos; comentário sutil da música; recurso a técnicas de atuação não realistas ou não familiares – *clowns* e saltimbancos, acrobatas dançarinos da *commedia dell'arte*, *clowns* chineses, o teatro kabuki japonês e a dança do norte da Índia, o kathakali.

Por fim, Roubine comenta: "Os mais recentes espetáculos do Théâtre du Soleil farão a síntese de todas as buscas e de todas essas conquistas com grandes afrescos depurados consagrados a alguns capítulos complexos e sangrentos da história recente do mundo".

Tão fundamental quanto a influência de Brecht foi, sem dúvida, a de Antonin Artaud. E não é difícil entender a razão: encantado pelo teatro de

Bali, uma das 13.667 ilhas da Indonésia, Artaud escreveu suas observações sobre o que deveria ser a cena ocidental. Segundo o autor de *O teatro e a peste*, o teatro balinês demonstrou a preponderância absoluta do encenador, na qual o seu poder de criação eliminava a palavra: "A revelação do teatro balinês foi de nos fornecer uma ideia física e não verbal do teatro, onde este está contido nos limites de tudo o que pode passar sobre a cena, independentemente do texto escrito".

Ariane Mnouchkine, por sua vez, falando sobre a sua última tendência, qual seja, a de buscar no Oriente a teatralização, afirmou que Artaud tinha razão: o teatro é oriental.

Chegamos, pois, a um ponto extremamente caro ao teatro dos nossos dias: a negação do teatro. Ao menos em sua forma ocidental. O que me chama a atenção no trabalho de Ariane é o fato de que ela, embora utilizando técnicas do teatro oriental em algumas de suas montagens, jamais se deixou iludir pelo resultado alcançado, pois, como ela mesma afirmou, não tem a pretensão de dizer que utiliza técnicas do teatro oriental, muito simplesmente porque, no Oriente, os atores começam a se exercitar aos 6 anos de idade. Se não o faz, confessou, é porque não está capacitada, mas que, se insiste, é porque vê aí uma estrada, um caminho. De certa forma, foi isso o que Georges Banu, professor do Instituto de Estudos Teatrais da Universidade de Paris III, disse do seu trabalho: o kabuki – em Ariane – é mais uma ficção do que um empréstimo, uma utopia mais do que um uso.

Outro ponto em que o trabalho de Ariane é exemplar diz respeito ao texto. Talvez não seja muito lembrar que se, por um lado, a influência artaudiana conduziu a um desprezo pelo texto – e isso calou fundo na alma dos dramaturgos e dos encenadores que passaram a valorizar o papel do ator –, por outro, pesou no ânimo dos teatreiros a influência de Beckett, o silêncio a que foi sendo reduzida a sua obra.

Ariane Mnouchkine não se deixou cair na armadilha: o trabalho do ator é importante, a construção da cena é importante, mas o texto também é importante. Por esse motivo, a mentora do Soleil lembrou um dado quase esquecido: a dramaturgia é uma tradição ocidental. Nós temos a tradição da escrita, mas essa tradição não se opõe à outra. "Eu não quero", disse ela, "me privar do movimento e eu não quero me privar da voz. Eu não quero me privar do texto. Eu não quero me privar da música. Eu não quero me privar de nada."

Naquela noite de 1994, em que assisti ao espetáculo do Soleil em seu próprio teatro na Cartoucherie, quando com certo espanto vi a própria Ariane servindo o lanche humildemente, tive a sensação de que essas reflexões me vieram à mente como um raio. Peguei algo para comer de suas próprias mãos e fui me sentar, ainda sem saber o que pensar daquilo tudo, do espetáculo a que eu assistia embevecido, do sorriso tranquilo de Ariane, e sem nem mesmo saber naquele instante o que eu leria em Roubine mais tarde sobre a direção: uma arte do efêmero, e cada direção não é senão uma onda que explode e desaparece na história das representações. Como o sorriso de Ariane. Um monumento ao efêmero.

PAULO VIEIRA
Professor do Departamento de Artes Cênicas da Universidade Federal da Paraíba, dramaturgo e romancista com diversos prêmios obtidos em concursos e festivais de teatro.

INTRODUÇÃO

Quando entrei em contato com o Théâtre du Soleil, em 1988, meu desejo era perguntar a Ariane Mnouchkine sobre sua arte e as leis do teatro. Essas leis fundamentais com as quais ela trabalha há mais de trinta anos e sobre as quais disse um dia: "Elas são tão misteriosas, tão voláteis! Descobrimo-las uma noite e depois, no dia seguinte, é preciso buscá-las novamente, porque simplesmente desapareceram".

Mas que leis são essas? Ariane Mnouchkine não tem uma resposta definitiva. No entanto, o Théâtre du Soleil (e o trabalho que ali se desenvolve) oferece uma parte da resposta, pois esse Teatro é por si só uma escola de formação.

A busca dessas leis fundamentais orienta as entrevistas aqui reunidas. Abordando dessa maneira o Théâtre du Soleil, procurei descobrir quais eram as teorias sobre as quais Mnouchkine se apoiava para dirigir os atores. Teria tido ela, no passado, mestres que deveríamos levar em consideração? Ainda os teria no presente? Existiriam, segundo Ariane, teorias úteis para os artistas? E, na falta de teorias, a partir de quais modelos os praticantes, segundo ela, utilizariam suas potencialidades ao máximo? No meio dessas indagações havia, sobretudo, a questão da interpretação do ator, que era o centro das minhas preocupações.

Queria saber, mais especificamente, como Mnouchkine trabalhava com seus atores, que qualidades ela exigia deles, que problemas concretos reprovava nos seus atores, qual formação ela considerava mais útil para eles, qual era o seu papel como diretora. Enfim, inúmeras questões que Ariane Mnouchkine respondeu com generosidade ao longo de nossos encontros.

Evidentemente, como espectadora, havia acompanhado fascinada todas as apresentações do Théâtre du Soleil, desde *L'Âge d'or*, que me havia deixado maravilhada, até *La Ville parjure*, passando por *Méphisto*, *Ricardo II*, *Henrique IV*, *Noite de reis*, *L'Indiade* e *Les Atrides*. Na minha lista só faltou *Norodom Sihanouk*.

Era, portanto, outra faceta de Ariane Mnouchkine que me interessava: não a encenadora, mas a diretora de atores. Eu queria conhecê-la melhor, descobrir suas convicções profundas em relação à interpretação e à formação do ator.

Durante esse percurso, descobri uma mulher forte, uma artista inteiramente devotada ao teatro, uma mulher exigente, convicta, disposta a não fazer nenhuma concessão e sempre em busca do teatro. Encontrei uma mulher que ouvia o ator, dialogando com ele, sempre esperando uma pequena centelha que, repentinamente, fizesse brilhar no palco o verdadeiro teatro.

Do começo ao fim desse percurso, pude constatar que Ariane Mnouchkine tem certezas, é claro, sobre o todo e as individualidades, porém ela não as transforma em dogma. Ela sabe muito bem que essas certezas são frágeis e que é preciso muito pouco para derrubá-las. A beleza e a crueldade do teatro estão justamente no caráter efêmero das leis que se lhe descobrem. Verdadeiras numa noite, elas se tornam inapreensíveis no dia seguinte, e os caminhos a que nos levam são difíceis de serem recuperados. É preciso, então, redescobri-los. Nisso está a grandeza do teatro e do artista, assim como sua finitude.

Portanto, não é surpreendente que para mim cada espetáculo do Théâtre du Soleil tenha sido sempre um encontro: com um texto, com atores, com um lugar, com uma equipe e, claro, com uma diretora. Os espetáculos do Théâtre du Soleil sempre me proporcionaram um prazer imenso, porque a interpretação está sempre presente, e o prazer do teatro está nisso. A espectadora que sou gosta desse mergulho no universo da ficção e da narrativa. É sempre uma celebração. Mesmo se eventualmente certos espetáculos me tocaram menos do que outros, não deixa de ser verdade que nenhum, sem exceção, tenha me deixado indiferente. Portanto, sempre foi com extrema alegria, com uma expectativa particular, que ia à Cartoucherie.

Então, é normal que eu queira prolongar esse prazer ao desejar penetrar mais profundamente nos processos do Théâtre du Soleil, a fim de iluminar a relação de Mnouchkine com seus atores, com a interpretação.

Esse trabalho foi realizado a partir de três encontros. O primeiro aconteceu na Cartoucherie, em 1988. Foi uma entrevista na qual Ariane Mnouchkine, apesar de sua extrema fadiga, aceitou, em condições difíceis, responder a todas as minhas perguntas, embora fosse possível ouvir, pertinho, no fundo do palco, ressoar os tambores e os címbalos de *L'Indiade*.

O segundo encontro foi durante o estágio dado por Ariane na primavera de 1988, a que assisti na companhia de outros duzentos participantes. O estágio durou sete dias e foi uma extraordinária lição de teatro. Durante esse período, os atores improvisaram sobre o tema "Ocupação", enquanto Mnouchkine observava a interpretação de cada um, elaborando conselhos e críticas, para ajudar-nos na construção da personagem, fazendo com que compreendêssemos a fragilidade do trabalho do ator e a importância do mínimo detalhe.

O terceiro encontro, enfim, aconteceu em Montreal, em 1992. Em um evento que reunia todas as escolas de teatro, organizado pelo Departamento de Teatro da Universidade do Québec em Montreal[1]. Ariane aceitou participar desse encontro espontaneamente, com generosidade, apesar de sua agenda lotada. Cada encontro público com Mnouchkine é um evento. E com esse não foi diferente.

Éramos muitos naquele dia, uns oitocentos, organizados em duas salas. Em uma delas, o encontro foi transmitido por um telão. Os espectadores dessa sala nos viam, mas nós só podíamos ouvi-los. Apenas Ariane podia ver, em um monitor posicionado diante dela, a pessoa que lhe fazia a pergunta da outra sala. Havíamos pedido aos deuses, aos gregos evidentemente, para que tudo funcionasse de maneira adequada. E eles garantiram o bom andamento do encontro.

O fato absolutamente excepcional foi constatar que a reunião de tamanha quantidade de pessoas provava o quanto aquele encontro respondia a uma necessidade, a uma expectativa por parte do público. Naquele dia, estavam presentes nas duas salas representantes de todas as escolas de teatro de Montreal e região: Escola Nacional de Teatro do Canadá, Conservatório de Arte Dramática de Montreal, alunos do curso técnico de teatro da escola Lionel-Groulx e os que optaram por teatro no ginásio Saint-Hyacinthe, assim como estudantes de teatro das universidades McGill e Concordia. Havia, também, é claro, representantes do Departamento de Teatro da Universidade do Québec em Montreal (UQAM). Além de membros do meio profissional e representantes do público, deste "público normal", do qual Ariane Mnouchkine fala e particularmente gosta.

Estávamos todos reunidos, o que é raro, extremamente raro. Era como se fosse uma estreia histórica. Esse encontro nos lembrava a todos, como o fazia o espetáculo *Les Atrides*, que o teatro ainda pode, como na Grécia antiga, reunir multidões e criar um acontecimento.

O encontro, inicialmente previsto para durar duas horas, prolongou-se por quatro. Ariane Mnouchkine havia aceitado fazê-lo, caso o debate

---

[1] Encontro que foi possível graças à ida do Théâtre du Soleil a Montreal, a convite de Marie Hélène Falcon, diretora do Festival das Américas, para a apresentação de *Les Atrides*.

exigisse. Os atores estiveram presentes nas duas primeiras horas, mas tiveram que sair para preparar a apresentação da noite. Mnouchkine ficou, assim, sozinha em cena.

✸ ✸ ✸

As páginas a seguir reconstituem as diversas etapas desse percurso. Elas têm por objetivo o levantamento de questões sobre a interpretação no Théâtre du Soleil, seus fundamentos, seus objetivos, suas estratégias. Elas não visam restabelecer o caminho desse grupo de teatro por meio de suas criações, mas, antes, indagar não só sobre as diversas montagens, mas, sobretudo, os parâmetros que norteiam o trabalho do ator. Alguns destes textos já foram publicados[2], mas achamos útil reproduzi-los aqui, pois também tratam da interpretação do ator. As respostas apresentadas nesses textos pelo Théâtre du Soleil complementam o conteúdo do que constitui o cerne desta obra, ou seja, o encontro de Ariane Mnouchkine com as escolas de teatro.

Tivemos também que dar um título para este livro, tarefa sempre um bocado difícil quando se trata de uma coletânea de entrevistas. Então, veio-nos à lembrança que, no prefácio que Ariane havia redigido para *Le Théâtre en France*[3], ela dizia o seguinte: "É possível erguer um monumento ao efêmero? Todo livro sobre teatro é um pouco desse monumento. É sempre um trabalho incompleto de ressurreição impossível".

Isso é um pouco do que tentamos realizar aqui: fazer ressurgir o impossível, na tentativa de reter o efêmero.

---

[2] Ver capítulo "Um estágio no Soleil: uma lição extraordinária de teatro", publicado originalmente em *Les Cahiers du Théâtre JEU*, n. 52, Québec, set. de 1989, pp. 15-22; e capítulo "Entrevista com Ariane Mnouchkine: não se inventam mais teorias da interpretação", *ibid.*, pp. 7-14.
[3] Jacqueline de Jommaron, *Le Théâtre en France: du Moyen-Âge à nos jours* (Paris: Librairie Générale Française, 1992), p. 9.

Ariane Mnouchkine, apesar de sua extrema fadiga, aceitou, em condições difíceis, responder a todas as minhas perguntas, embora fosse possível ouvir, pertinho, no fundo do palco, ressoar os tambores e os címbalos de *L'Indiade*.

A INTERPRETAÇÃO NO TEATRO DE ARIANE MNOUCHKINE

A problemática da interpretação está no cerne do processo teatral de Ariane Mnouchkine. Com efeito, raros são os artistas que, como ela, conseguem manter há mais de trinta anos uma companhia motivada por um único objetivo: servir ao teatro. Conheço poucos exemplos dessas empreitadas ligadas a toda uma vida: a companhia de Peter Brook, em Paris; a Bread and Puppet, de Peter Schumann, nos Estados Unidos. Sem dúvida existem outras (Elizabeth LeCompte, Richard Foreman), mas os exemplos são raros e, geralmente, não conheceram a longevidade de que goza o Théâtre du Soleil.

Herdeiras da década de 1960, essas estruturas coletivas, das quais o Living Theatre foi exemplo memorável, dissolveram-se a partir dos anos 1980 e, daí em diante, os processos tornaram-se novamente mais individualizados, centrados não em torno de uma companhia, mas de uma produção. Dentro desse panorama, o caso do Théâtre du Soleil é único na paisagem teatral francesa.

Por que, então, escolher tratar aqui da interpretação? Porque é, obviamente, a coisa mais importante não só para qualquer ator e qualquer diretor, mas também, e sobretudo, porque essa é a preocupação central de todo o processo de trabalho de Ariane Mnouchkine.

Se o Théâtre du Soleil ainda existe, se tantos atores por ali ficaram por muito tempo, e muitos permanecem ainda, é porque a primeira intenção de todos não é montar um espetáculo, uma produção ou, menos ainda, um texto. A primeira preocupação, constante, permanente, é a de trabalhar a interpretação do ator.

Essa preocupação é permanente no pensamento de Ariane Mnouchkine, desde quando começou até hoje. É isso que a impele, aliás, a oferecer, todo ano, um estágio gratuito de interpretação a mais de duzentos participantes, duzentos atores iniciantes, selecionados entre várias centenas de pessoas, às vezes mil, que se apresentam como candidatos. Se alguém perguntar a Ariane sobre o porquê desse procedimento, ela responderá que a formação do ator a preocupa muito atualmente, porque a formação em interpretação se perde cada vez mais, e isso a incomoda.

Sendo assim, ao longo dos anos, Ariane Mnouchkine elaborou um certo saber, uma certa consciência a respeito das leis do teatro. Um saber natural, descoberto passo a passo, sobre o qual ela se recusa a escrever, pois tudo já foi escrito sobre o assunto; basta reler Zeami, Jouvet, Copeau, Dullin para convencer-se disso[1].

Apesar dessa profunda convicção de que não se inventam mais teorias da interpretação, Ariane Mnouchkine redescobriu, por conta própria, algumas leis fundamentais, misteriosas, fugazes, que nos escapam tão logo a percebemos e as quais é preciso redescobrir sem descanso.

Quais são essas leis? Essa questão Ariane evidentemente se recusa a responder como se fosse dona da verdade, da única verdade. Ela tem, no entanto, algumas certezas que, observadas em toda a sua extensão, acabam dando conta se não de uma teoria, ao menos de uma prática e dos fundamentos sobre os quais repousa o trabalho no Théâtre du Soleil. É óbvio, entretanto, que, por mais que essas leis sejam precisas, elas não poderiam ser construídas como dogmas. A prática do teatro as ultrapassa infinitamente.

A TEATRALIDADE DA INTERPRETAÇÃO ORIENTAL

A primeira convicção de Mnouchkine é a de que o teatro ocidental não criou nenhuma forma teatral, já que a própria *commedia dell'arte* é de inspiração oriental. Retomando as palavras de Artaud, Ariane se sente à vontade para

---

[1] Ver a entrevista publicada neste livro no capítulo "Entrevista com Ariane Mnouchkine: não se inventam mais teorias da interpretação", p. 59.

afirmar que "o teatro é oriental". "Nós, ocidentais, criamos apenas formas realistas. Isso quer dizer que não criamos uma 'forma' propriamente dita"[2]. Em 1989, ela afirma novamente:

> As teorias orientais marcaram todas as pessoas de teatro. Impressionaram Artaud, Brecht e todos os outros, porque o Oriente é o berço do teatro. Então, fomos lá buscar o teatro. Artaud dizia "o teatro é oriental". Essa reflexão vai mais além. [...] eu diria que o ator vai procurar tudo no Oriente: ao mesmo tempo mito e realidade, interioridade e exteriorização, aquela famosa autópsia do coração por meio do corpo. Vamos lá buscar também o não realismo, a teatralidade[3].

Para qualquer pessoa que tenha acompanhado o trabalho da companhia desde Shakespeare, a influência do Oriente no Théâtre du Soleil é evidente. Inspirando-se no kabuki, no nô e no bunraku para as montagens de Shakespeare, Ariane reuniu, desde então, a influência de certas danças indianas, às quais se acrescentou, em *Les Atrides*, a influência da Grécia.

Mnouchkine explica ainda mais essa ênfase que dá ao Oriente:

> O que me interessa na tradição oriental é que ali o ator cria metáforas. Sua arte consiste em mostrar a paixão, em contar o interior do ser humano... foi aí que senti que a missão do ator era a de "explodir" o homem, feito uma granada. Não para mostrar suas vísceras, mas para pôr suas partes em perspectiva, disponibilizá-las em signos, em formas, em movimentos, em ritmos[4].

PERSONAGENS MENSAGEIRAS DE UMA NARRATIVA

Para criar essas metáforas e a teatralidade da personagem mensageira de signos (e não o ator emocionalmente vibrante no palco), Mnouchkine utiliza um processo em que a personagem é, antes de tudo, *mensageira de uma narrativa*. Como no teatro oriental, o ator deve, antes de qualquer coisa, contar

2 Em *Catalyse*, n. 4, jun.-jul.-ago. de 1986.
3 Ver capítulo "Entrevista com Ariane Mnouchkine: não se inventam mais teorias da interpretação", p. 67.
4 Catherine Delgan, "*L'acteur est un scaphandrier de l'âme*", em *Le Soir*, Bruxelas, 20-21-22 jul. de 1984.

uma história. Foi assim nas montagens que Ariane fez de Shakespeare, como também em *Les Atrides* ou em *La Ville parjure*. Para isso, as personagens do Théâtre du Soleil são normalmente tipos. Ainda que tenham uma personalidade muito forte, elas pertencem à coletividade e trazem consigo a marca da história. Como, por exemplo, Norodom Sihanouk ou Ghandi e, mais ainda, a Mãe em *La Ville parjure*.

Fugindo da psicologia que banaliza a narrativa, as personagens criadas pelo Théâtre du Soleil nunca trazem consigo só a totalidade da fábula de um tema. A história é dividida entre os protagonistas, fazendo com que cada um seja um elo essencial da corrente narrativa. Pensemos nos mendigos do cemitério em *La Ville parjure* ou no coro em *Les Atrides*. Isso explica, sem dúvida, por que realmente não há papéis secundários nas peças do Théâtre du Soleil: todas as personagens são importantes e portadoras de uma parte fundamental da história.

Porém, essa lei tem seu reverso, na medida em que, se a totalidade da narrativa não pode pertencer a apenas uma personagem, é evidente também que cada personagem deve trazer em si todas as outras. "[...] a regra que nos parece mais importante é lembrar-se bem de que todas as personagens, todas, têm uma alma completa. Dizemos também – e isso é um pouco dogmático – que cada personagem de uma peça contém todas as outras [...]. Todo mundo é completo"[5].

Desse modo, na medida em que cria sua personagem, o ator terá como objetivo exteriorizar os signos. Em contrapartida, no trabalho psicológico, ele é convidado a interiorizá-los, mas para disso mostrar apenas os efeitos.

É por isso que Mnouchkine falará mais habitualmente da alma das personagens, de suas paixões, do que de sua psicologia. Pois a psicologia banaliza, e os atores do Théâtre du Soleil desconfiam disso. Ela reduz a interpretação do ator, distanciando-o da teatralidade que deve ser buscada.

ENCONTRAR A SITUAÇÃO

Essa concepção da personagem explica por que o ator no teatro de Ariane Mnouchkine trabalha situações antes de qualquer coisa; estados e não emoções. A emoção virá por si só, por meio de um encontro entre o signo preciso e a recepção do espectador. Virá do reconhecimento. Dito de outro modo, a emoção não deve ser programada na peça. Ela não é uma ferramenta de

---

5 Ver capítulo "Entrevista com Ariane Mnouchkine: não se inventam mais teorias da interpretação", p. 66.

trabalho para o ator, nem um diapasão usado para medir a autenticidade de uma personagem. A emoção não é buscada por ela mesma, por aquilo que quer dizer. É o resultado de um encontro que acontece entre o ator e o espectador.

Encontrar uma situação precisa e verdadeira, que não seja necessariamente realista, é essa a principal tarefa do ator. Ariane insistia nesse aspecto da interpretação já na época de *L'Âge d'or*, em uma entrevista concedida a Denis Bablet. Desde então, ela não cessou de reafirmá-lo. "É preciso encontrar, para começar, a situação. Essa situação deve ser verdadeira."[6]

É preciso criar um estado conectado a essa situação. A situação é o ponto de partida de qualquer trabalho teatral. Ela está no centro do processo do ator e dá colorido, autenticidade, e também sentido para a ação. É ela que põe a narrativa em movimento, que permite definir a personagem.

Essa situação pode, e até deve, ser simples. Seria inútil montar integralmente *Os miseráveis*, diz Mnouchkine aos atores que vêm fazer os estágios; algumas passagens do texto já bastam. Não é preciso sobrecarregar as personagens da história de todo um passado que as oprime, antes mesmo de entrarem em cena.

A situação exige do ator que trabalhe o detalhe, o fato preciso. É aí, nas pequenas atitudes precisas e verdadeiras, que a personagem vai adquirir sua força de existência e que a emoção vai nascer.

Ora, o trabalho com o detalhe é ameaçado por dois grandes males que perseguem o ator. O primeiro vem do fato de que o ator, muito frequentemente, tem tendência a representar "a ideia" da situação ou da personagem e não a própria ação, o que leva a uma "tagarelice" gestual que sufoca a pureza da interpretação. O segundo decorre da tendência que o ator tem a se deixar levar ou "pelo *fazer*, que o bloqueia, ou pelo *deixar acontecer*, em que ele não faz nada".

Em seu percurso, o principal aliado do ator é a imaginação, à qual Mnouchkine normalmente se refere como um músculo, passível de ser trabalhado. Imaginação é para ser cultivada, alimentada.

Por isso, Ariane dá alguns conselhos simples ao ator; simples, mas não menos fundamentais: é necessário que a ação seja precisa, que a situação esteja clara e, principalmente, que o ator só interprete uma coisa de cada vez. Com efeito, uma das advertências que Mnouchkine sempre faz aos atores que participam de seus estágios é a de não se movimentarem demais no palco e quererem interpretar tudo ao mesmo tempo. Pois a "linha" da narrativa, o "desenho" da ação, torna-se confuso e o espectador não vê mais nada.

Desse ponto de vista, Ariane Mnouchkine tem uma abordagem normalmente minimalista, muito fortemente inspirada na *commedia dell'arte*, no jogo da máscara ou no teatro oriental. O ator deve saber fazer apenas uma

---

6   Denis Bablet, "Rencontres avec le Théâtre du Soleil: avec Ariane Mnouchkine, les comédiens, Guy-Claude François", em *Travail Théâtral*, n. 18-19, Lausanne, jan.-jun. de 1975, p. 10.

coisa de cada vez e aprender a lidar com as pausas, não se deixar tomar pela agitação, pela ação que bloqueia o corpo. Ele deve aprender a dar espaço à respiração, a inscrever pausas, a aceitar a imobilidade.

Também é preciso que ele saiba lidar com o tempo, o tempo necessário para entrar em um estado, fixar uma situação, de aí permanecer. Frequentemente, o ator está muito apressado em exprimir o que tem a dizer, observa Ariane. Outra coisa, em vez de viver uma situação, de mostrá-la, ele quer dizê-la – em palavras ou gestos –, fazendo, assim, desaparecer um dos princípios fundamentais do teatro: o "reconhecimento". O espectador não terá o prazer de reconhecer um estado ou uma situação, se o ator decifrar-lhe a cena e o informar o que está acontecendo por meio de gestos e palavras. Somos reféns dessa "tagarelice" cênica, que Mnouchkine denuncia e da qual quer fugir.

Igualmente, durante as improvisações, Ariane sempre aconselha os atores a renunciar às ações muito longas, que acabam por misturar a imagem do todo e por tornar o processo pesado, também lhes pede que fujam das ações lentas demais, que diminuem o ritmo e congelam a ação. "É lento demais para ser honesto", ela gosta de dizer durante os estágios. Por que exprimir a lentidão com lentidão? O teatro não gosta de tais redundâncias. Para que haja teatro, o ator tem apenas alguns segundos e, esses poucos segundos, ele não pode desperdiçar com pretensões inúteis. "Vocês não podem dizer ao espectador: espere, estou me preparando", ela observa. Quando o ator entra em cena, a ação já deve ter começado, a situação estar definida e o estado da personagem evidente.

Daí a importância que Mnochkine e seus atores dão às entradas e saídas das personagens. Entradas e saídas surpreendentes e tocantes, em que a ação continua presente, mesmo em corpos congelados. Isso nos faz pensar nas entradas do coro em *Les Atrides* ou na saída de Clitemnestra, levando Agamêmnon morto, ao final da mesma peça.

ESTAR NO PRESENTE

Se as entradas e as saídas das personagens são tão privilegiadas na estética do Théâtre du Soleil, é porque elas lançam a ação ou a interrompem, dando sempre a impressão de que aquilo a que o espectador assiste é o espetáculo de uma narrativa que se desenrola à sua frente.

A narrativa acontece no palco na instantaneidade do momento, diante do espectador, em colaboração com os outros atores, e o ator deve saber inscrever-se nessa instantaneidade e estar presente. Para isso, é preciso que se concentre não *no que vai acontecer* no palco ou *no que aconteceu*, mas no que acontece naquele instante. Mnouchkine exige que o ator esteja inteiramente, absolutamente, *no presente*.

Além disso, é preciso que o ator saiba renunciar ao que previu para apreender o que se lhe apresenta. É por isso que Mnouchkine dá pouca importância à memória como motor da interpretação[7]. Para ela, o importante é que o ator se torne um visionário e acabe por acreditar, por ver, que "o céu está acima dele, pela chuva que cai"; por crer naquilo que representa, naquilo que é, naquilo que encarna, "crer naquilo que o outro encarna, crer no seu problema, na sua força, na sua raiva, na sua alegria, na sua sensualidade, no seu amor, no seu ódio [...]. É preciso acreditar nisso tudo"[8].

Essa fé é aprendida, ela se desenvolve de várias maneiras. Uma delas está no olhar. É preciso saber olhar, escutar, compreender. É necessário também ter a humildade de copiar, copiar o trabalho do outro, não exteriormente, mas interiormente. "Tenham a humildade de ajustar seus passos aos passos dos que os precederam", sempre diz Ariane a seus atores. "Aceitem às vezes serem uma cópia modesta. Duvidem da originalidade a qualquer preço." Isso quer dizer que o ator deve ser, ao mesmo tempo, côncavo e convexo; convexo para projetar e côncavo para receber.

Atuar, diz Mnouchkine, é aprender a escalar uma montanha. A um participante que lhe perguntou, quando esteve em Montreal, quais eram as qualidades essenciais necessárias ao ator para que escalasse a montanha, Ariane respondeu: "É preciso coragem, paciência, uma necessidade de elevação e boas panturrilhas"[9]. Essa maneira que Mnouchkine tem de nunca separar corpo e interpretação enfatiza bem o enorme trabalho físico presente na tarefa de qualquer ator.

---

7   Mnouchkine afirma, aliás, que a imaginação se trabalha: "Pela sinceridade. Pelas emoções. Pela interpretação, realmente pela interpretação. Não pela memória [...]." Ou ainda: "É preciso, pouco a pouco, chegar a ter visões, a ser visionário [...]." Ver capítulo "Entrevista com Ariane Mnouchkine: não se inventam mais teorias da interpretação", p. 65.

8   Ver capítulo "Entrevista com Ariane Mnouchkine: não se inventam mais teorias da interpretação", p. 65.

9   Ela já havia evocado tal aproximação entre a prática da interpretação e a do corpo, quando afirmou que a imaginação é algo a que "se dão músculos, que se trabalha". Ver capítulo "Entrevista com Ariane Mnouchkine: não se inventam mais teorias da interpretação", p. 71.

Longe dos picos sublimes de uma transcendência sempre possível, Ariane Mnouchkine lembra que o teatro acontece aqui e agora, imediatamente, totalmente.

Que o ator deva dotar-se de um "corpo o mais livre possível, o mais treinado possível" parece evidente, mas Ariane acrescenta, ainda, que é preciso que o ator tenha "também imaginação, uma imaginação treinada e uma imensa necessidade de superação".

Que papel tem, então, o diretor em todo esse processo? Ele trabalha "para deixar passar a imagem". Essa modéstia de propósito por parte de Ariane Mnouchkine esconde, na verdade, um mestre sempre à escuta de seus atores, sempre receptivo, pronto para captar o inesperado, o sublime, o justo, o verdadeiro, o tocante.

"Partir juntamente com uma obra é partir para uma aventura", dizia Mnouchkine. "Achamos que chegamos à Índia e descobrimos a América." Dessas descobertas, a obra de Ariane Mnouchkine e dos atores do Théâtre du Soleil são prova permanente.

A CARTOUCHERIE, ONDE ESTÁ INSTALADO O THÉÂTRE DU SOLEIL.

UM ESTÁGIO NO SOLEIL: UMA EXTRAORDINÁRIA LIÇÃO DE TEATRO

De todos os setores de atividade, o teatro é aquele cuja formação é a mais difícil de suportar e seguir. Depois das escolas e dos conservatórios, que representam o caminho oficial para os artistas do teatro, ainda que sejam contestadas as metodologias de ensino ali utilizadas, vêm as universidades, que souberam criar, há quase trinta anos, programas de ensino prático (essa constatação vale mais para as universidades norte-americanas e canadenses – que dispõem de orçamentos que lhes permitem colocar em prática verdadeiros programas de formação – do que para as universidades francesas, sempre terrivelmente desprovidas de recursos).

Ao lado desses dois modos de formação, existem outras vias, como os estágios e *workshops* oferecidos por certas companhias teatrais (como as de Ariane Mnouchkine e de Peter Brook) a seus integrantes; estágios que são abertos, às vezes – e sempre em caráter excepcional –, para pessoas de fora, artistas com ou sem talento, tendo ou não um percurso de prestígio, mas que demonstram um desejo real de aperfeiçoamento e aprendizagem. Para todos os atores que buscam aprimoramento, a penúria é grande. Muitos estágios são oferecidos no mercado, mas não têm o mesmo valor nem suscitam o mesmo interesse. Entre os estágios mais concorridos, estão aqueles que nem sequer são anunciados, aos quais apenas os iniciados têm acesso; estágios cuja divulgação das datas é feita entre os amigos, antes mesmo de haver uma confirmação por parte dos próprios responsáveis. O estágio oferecido anualmente por Ariane Mnouchkine está entre eles. É, portanto, muito esperado e bastante procurado. Os candidatos inscrevem-se em grande número, vêm do mundo inteiro, o que não significa que serão automaticamente aceitos. Uma entrevista preliminar, diretamente conduzida por Ariane Mnouchkine, determina os selecionados e os que não poderão fazer o estágio. A quantidade de inscritos é enorme (em 1998 chegaram a mil), impondo, assim, uma seleção. Ariane, além de fazer as entrevistas, é totalmente responsável por esse trabalho por alguns dias.

Durante os poucos minutos da entrevista, nada de muito especial é dito. Apenas as razões pelas quais cada um deseja tanto fazer o estágio. No entanto, observando apenas esse propósito, Ariane escolhe determinado candidato e não outro. Certamente, nessa seleção, ela percebe uma sinceridade, uma sensibilidade, uma expectativa para a qual, às vezes, pende sua balança. Os candidatos são incapazes de saber se o que disseram foi ou não determinante na decisão final.

No final do processo, seremos 220, vindos de 42 países. Mais de duzentas pessoas para um estágio que vai durar sete dias, talvez dez. Com efeito, entre os estagiários circula uma informação de que já aconteceu de Ariane prolongar seus estágios por alguns dias. Bem, mas daí imaginar que ela fará o mesmo desta vez... No entanto, é o que todos esperam. Quando lhe perguntam sobre isso, Mnouchkine responde que ainda não sabe, isso dependerá de muitas coisas, sobretudo de nós, os estagiários.

AS REGRAS SÃO DADAS

Quando chego no primeiro dia, às nove e dez, a chamada já havia começado às nove horas. A sala da Cartoucherie parece aguardar um espetáculo, tamanha a quantidade de gente. Assistida por Sophie Moscoso, Ariane Mnouchkine lê os nomes e entrega a cada participante um cartão de presença, que será usado no decorrer dos dias que virão. Ao término da chamada dos 220 nomes, Mnouchkine separará os retardatários para lhes passar um sermão. A primeira regra do ator é a pontualidade. Os próximos retardatários serão riscados da lista. Fica o aviso aos interessados. Rapidamente, outras regras são impostas: respeito absoluto pelas máscaras e pelos figurinos, silêncio total na sala, observação atenta de tudo o que acontece no palco (a aprendizagem passa tanto pela ação quanto pelo olhar, lembra-nos Ariane várias vezes e de modo enfático); é proibido fazer outra coisa durante as improvisações e deve-se limpar a sala de ensaio no fim do dia.

Entretanto, apesar dessas colocações, os atores entram e saem durante as improvisações; os figurinos acabam sempre jogados aos montes pelo chão no final do dia; os estagiários, sentados nos bancos, nem sempre prestam a atenção solicitada na interpretação dos colegas, e a limpeza recai sobre uma equipe de alguns voluntários que deixam, a cada noite, a sala em ordem para o dia seguinte.

Apenas as máscaras são respeitadas por todos. O difícil aprendizado de uma ética! Mnouchkine está escandalizada. Revoltada e desanimada com tamanho desleixo e falta de boa vontade. Ela acabará anunciando, no terceiro dia de trabalho, que o estágio terminou e que as pessoas podem voltar para casa. Dessa vez, o estágio realmente começou mal. Esse ano o nível está muito baixo, não há por parte de todos um esforço real quanto à colaboração. Além disso, ela sente uma constante má vontade do grupo em relação à cena, o que não estimula em nada o trabalho. Foi uma ducha de água fria nos participantes. Repentinamente confrontados com algo que não haviam previsto, eles acordam e tentam, a todo custo, fazer Ariane mudar de ideia, mas ela resiste. Depois de duas horas de discussão, finalmente o estágio é retomado, mas desta vez todos compreendemos que não teremos o crédito de três dias a mais, que cada um, secretamente, esperava. Ariane jamais dirá, mas esse estágio, oferecido gratuitamente (de todos os estágios programados, este é o único gratuito), é feito por generosidade, por amor ao teatro e pelos atores. Sobretudo porque Ariane Mnouchkine preocupa-se muito com o futuro da interpretação no teatro, uma prática que se perde, por isso é absolutamente necessário que se busque salvá-la. Desde o começo, ela foi muito clara: "Talvez entre vocês haja uns vinte atores e, se for o caso, já está ótimo. Tentaremos, então, fazer teatro juntos e, se conseguirmos, durante alguns dias, ter alguns minutos de teatro, apenas alguns minutos, isso será fantástico". Comprovaremos que Ariane tinha razão: durante esses sete dias, ao longo dos quais cada um improvisará em média dois esquetes em grupo, é possível perceber, ao todo, uma pequena meia hora de teatro, somente meia hora, mas bastante intensa e excepcional. Essa meia hora não será, portanto, um bloco, mas dividida em frações de segundos, às vezes de minutos, em que os espectadores assistirão ao nascimento de uma narrativa e à osmose fantástica entre ator e personagem.

MÁSCARAS QUE VIAJAM MUITO BEM

"Eu gostaria de lembrar a todos o que é um estágio. Sete dias que compartilharemos juntos. Não é uma audição. Enquanto vocês pisarem no tapete para se mostrarem, ou *me* mostrarem algo, vocês não mostrarão nada. Não é um estágio de prova. É um estágio de teatro." Essa observação, usada por Ariane na abertura, é importante. Os atores presentes, entre os quais alguns estagiando pela segunda e até pela terceira vez, sabem que Mnouchkine, às vezes, acaba convidando alguns dos que ali estão para uma montagem. Assim foi com *L'Indiade* e, anteriormente, com *Sihanouk*. Portanto, alguns têm esperança, outros estão ali apenas pelo simples prazer de estar e de aprender sob o olhar impiedoso de Ariane. Pois seu olhar será de uma intensidade e de um rigor raros. Sentada na primeira fila, ela acompanhará todas as improvisações, até as mais sofríveis, com total atenção e grande escuta, buscando uma centelha de teatro onde for possível. E, se as improvisações se sucedem sem genialidade, Ariane não deixará de respeitar o trabalho do ator que traz à cena um desejo real de criação.

Algumas vezes ela será dura, até feroz, chegando a paralisar, no começo, os mais medrosos ("Não se ouve nada", ela dirá antes de tirar um ator de cena). Mas seu julgamento será sempre justo, sem complacência, seu olhar será preciso, sua atenção, intensa. Ela buscará o teatro em todos os fragmentos das improvisações que lhe serão apresentadas ao longo do dia (das nove às cinco da tarde, tendo como intervalos duas pausas breves para o café e o almoço), em todos os gestos, atrás das máscaras.

Às vezes, ela interromperá bruscamente uma improvisação depois de alguns segundos, tirando os atores do tapete, e até proibirá um ator de entrar em cena por causa de um figurino que denote alguma falta de respeito em relação a uma personagem. Esses momentos, que todos acabarão por aceitar, porque jamais serão gratuitos, serão compensados por instantes marcantes, em que emergirá, sob o olhar de todos, um diálogo, sem mediação, entre Ariane e uma personagem. Com efeito, nos momentos mais produtivos do estágio, no qual ela tenha identificado uma personagem prestes a nascer, Mnouchkine fará com que determinado grupo de atores trabalhe (ou um ator isolado), impondo-lhe uma trajetória, abrindo diante dele um vasto imaginário, animando-o com um certo fôlego, que lhe dará densidade e o projetará adiante. Como faz habitualmente, Ariane pedirá aos atores que trabalhem com máscaras: máscaras de *commedia dell'arte* e balinesas. Durante as improvisações, será possível notar que elas convivem bem juntas e obedecem às mesmas leis teatrais. Entraremos, então, em contato com Pandeba, Rajissan, Pucci (batizadas durante o estágio).

Ariane começa dizendo:

> *Não lhes darei as características das máscaras, senão as reduziria. Algumas têm nomes, outras não. Esta daqui, por exemplo, é Rajissan. Todas têm sua grandeza. Possuem uma alma completa. Não as desprezem. Não as caricaturem, mesmo que elas não tenham muita cultura. Diferentemente das máscaras do teatro nô, também sagradas, mas tão estilizadas que não se pode reconhecê-las, essas aqui são humanas. Esta aqui, nós a chamamos de Punta. Esta outra tem olhos, ela dança. É muito difícil nomeá-la. Esta outra é Pandeba. A máscara é pesada, mas, prestem atenção, ela é leve, muito leve. Não a faça mais tola do que já é. Ela também é completa. Ela tem nádegas, um traseiro, e é isso que vocês devem descobrir. É óbvio que a primeira graça que lhes pode acontecer é a de ficar gostando de uma. Isso se dá pelo reconhecimento, por tê-la reconhecido. Vocês verão, todas elas viajam muito bem. Elas se surpreendem, mas depois se adaptam muito bem.*
>
> *Com as máscaras da* commedia dell'arte, *dá-se o contrário. Elas surgem com suas características, e morrem com elas. São todos seres humanos. São máscaras em couro, ou em madeira, muito frágeis. foram feitas por Erhard Stiefel. Vocês podem imaginar o que acontecerá com vocês se quebrarem uma delas. [risos.]*

PARA QUE HAJA TEATRO, VOCÊS SÓ TÊM UM SEGUNDO

Após a apresentação das máscaras e a primeira manipulação delas, vem o trabalho em equipe: a escolha da personagem, a elaboração de um roteiro e a preparação do figurino. Ariane deu um tema: "A ocupação". No ano anterior, o assunto havia sido "A invasão".

Dessa vez, improvisações girarão em torno da colaboração, da resistência, do mercado negro, do medo, das rivalidades, da covardia, das denúncias. Todos os figurinos do Théâtre du Soleil foram colocados à disposição dos atores. São encontrados ali os figurinos das montagens de Shakespeare, de *Sihanouk*, e até os de *L'âge d'or* e de *1789*. Ariane tem um gosto particular pelos figurinos, preferindo-os vivos, ricos, precisos, bem-acabados. Vemos por trás de suas preocupações o que pôde ter levado ao esplendor dos figurinos de

Shakespeare, sua extrema sensualidade, ou ao calor dos figurinos de *1789* e ao acúmulo de veludos, lamês e brilhantes em seus diversos espetáculos. Durante o estágio, vestir-se será uma fase importante da preparação, aquela que permite ao ator entrar na personagem.

Para as improvisações, os atores se reunirão por afinidade para elaborar os roteiros. Quinze minutos, meia hora, às vezes 45 minutos para combinar improvisações que normalmente duram alguns minutos. "É longo demais", sempre lembra Ariane. Os atores têm a tendência a se perder nos labirintos de uma intriga complicada, em detrimento do trabalho com o detalhe dos eventos e das circunstâncias.

> *Para que haja teatro, vocês têm apenas um segundo. Quando vocês entram em cena, a história já começa a ser contada. Quero ver uma personagem imediatamente. Onde ela está? Por que ela está ali? Os espectadores pagaram, portanto vocês não vão lhes dizer: esperem, estou me preparando. Nós, o público, estamos aqui, e elas, as personagens, sabem que estamos aqui. Eu sei que vocês sabem que estamos aqui. E vocês sabem que eu sei que vocês sabem que... estamos aqui e estamos aqui para elas, para as personagens. Isso é o mais difícil.*

ALGUMAS REGRAS BÁSICAS PARA OS ATORES

Para os atores em cena, Ariane repetirá sem parar os mesmos conselhos, simples, mas sempre difíceis de colocar em prática.

PARA O TRABALHO PREPARATÓRIO E O ROTEIRO

Não façam ensaios em que vocês encenam *Os miseráveis*. Contentem-se com três boas falas como prólogo. O objetivo não é chegar ao final da história. Trabalhem juntos. O que é que se pode fazer sozinho em casa? Sozinho, nada. É preciso aprender junto. Escutem-se. Recebam-se. Vocês precisam aceitar as coisas do outro. Se alguém propõe algo, acate. E, se alguma coisa boa é feita, imitem-na. Imitar não quer dizer plagiar, quer dizer reconhecer. Existem gerações no Oriente que imitaram. Não se trata de imitar exteriormente, mas internamente. Imitar não o que o outro faz, mas o que ele é. Se for impossível imitar nesse sentido, então, será impossível imitar quem quer que seja, inclusive uma personagem. É preciso que se tenha humildade para fazer o percurso que já foi realizado.

É preciso também ter imaginação e segredos. Será que vocês têm segredos? (Risos.) É visível que, neste estágio, não há segredos. É preciso aprender sobre a paciência e a humildade do mistério. Não busquem ser originais a qualquer custo. Não estou nem aí para a originalidade. Aprendam com os outros. Quando alguém faz algo bom, tomem isso para si e levem-no adiante. Evitem cair na ideia, busquem o verdadeiro, não o realista. O verdadeiro não é realista. Entrar em cena já é entrar num lugar simbólico, onde tudo é musical, poético.

PARA A MÁSCARA E A PERSONAGEM

As máscaras estão aqui, com uma exigência terrível e irrefutável. O ator escolhe o figurino em função da máscara e em função da personagem. A máscara não é uma maquiagem. Não é um objeto entre outros. Tudo está a serviço dela. Ela imediatamente os denuncia, caso a utilizem mal. São vocês que devem ceder à máscara, ela jamais cederá. Então, é preciso estimá-la, amá-la. Se não, é como se vocês não percebessem que as máscaras têm uma história, um passado, uma divindade. Em vez de querer subir em direção a elas, vocês as fazem descer até onde estão, banalizando-as. Há uma viagem a ser feita em direção a elas. Não se trabalham essas máscaras assim, de qualquer jeito, independentemente de qual seja a máscara. A relação com a máscara é uma relação de grandeza. Elas vêm de longe, de outro continente. O teatro é um outro continente. É como se vocês quisessem que o teatro viesse até vocês. Não! O teatro não é bom na nossa "casa". Quando chamamos por uma personagem, ela vem com o seu mundo. Ela é completa. As personagens não exercem funções. Preservem a autonomia de cada personagem. Deixem que elas respirem. Nada de gracejos, de sedução. Não façam delas criaturas feias e bizarras. É um pecado achar que não há beleza em todas as criaturas. Quero ver uma personagem. Sinto que vocês gostariam que, atrás da máscara, houvesse um manual de instruções. Não!

PARA O FIGURINO

Busquem dar um bom acabamento aos seus figurinos. Eles podem ser seus amigos. Tornam-se seus inimigos se forem malfeitos, se não se sustentarem. As cabeças, por exemplo, devem ser bem-acabadas, cobertas, sem cabelos aparentes. Com a pele nua é difícil utilizar as máscaras. As mãos, os pés são realistas demais.

"ESTA OUTRA É PANDEBA. A MÁSCARA É PESADA, MAS, PRESTEM ATENÇÃO, ELA É LEVE, MUITO LEVE. NÃO A FAÇA MAIS TOLA DO QUE JÁ É. ELA TAMBÉM É COMPLETA. ELA TEM NÁDEGAS, UM TRASEIRO, E É ISSO O QUE VOCÊS DEVEM DESCOBRIR." p. 47

Sala de figurinos durante o estágio dado por Ariane Mnouchkine na Cartoucherie.

Máscara balinesa (acima) e máscara balinesa chamada Pandeba (abaixo).

PARA A INTERPRETAÇÃO
Procurem uma pequena música interior que dê ritmo às ações. Deixem a imaginação vir até vocês. O difícil é deixar de fazer, fazendo. Vocês estão ora no fazer demais que os bloqueia, ora no não fazer, em que não fazem nada. Usem a imaginação. A imaginação é um músculo. É algo para o qual se dá forma, que é enriquecido, que é alimentado. O ator é um receptáculo ativo, e isso não é contraditório, mas eis a dificuldade. Ele deve ser côncavo e convexo. Côncavo para receber e convexo para projetar.

 Evitem mexer-se o tempo todo. Se vocês se movimentarem sem parar, não os vejo mais. É preciso que encontrem suas pausas e seu ritmo. As pausas dão o movimento, as situações dão a vida. Para que os veja, é preciso que vocês parem. Façam só uma coisa de cada vez. (Depois, dirigindo-se a uma atriz) "O que é que você está fazendo? Você pula de alegria, tudo bem. Então pule, depois fale, não faça as duas coisas ao mesmo tempo!" (E a outra atriz.) "Você representou duas coisas: o desespero e a desconfiança. Você não conseguiu representar uma coisa de cada vez. Então, não vimos nada. Termine um gesto, vá até o fim. Se aproprie do tempo para terminar as coisas. Sem essa gagueira gestual. Vá até o fim das pausas".

 Evitem a lentidão que se quer profunda. Normalmente é lento demais para ser honesto. Não caiam na própria lentidão. É preciso representar essa lentidão, porém mais rápido. A lentidão é um inimigo. Em poucos segundos, nada resta da iluminação anterior. Evitem exagerar na atuação, estar na ideia. A tagarelice tanto pode ser gestual quanto verbal. Evitem o decorativo. Há os que não medem o esforço físico que isso demanda. Não ornem suas ações, enquanto vocês não têm sequer o essencial. Há os que chegam com a mala vazia e os que chegam com ela repleta de coisas, e isso é ainda pior. Isso é loucura. Façam simplesmente o que deve ser feito.

 Você está tão apressado que explica em vez de viver. (Diz Mnouchkine a um dos atores.) Não fique comentando seus gestos sem parar. O público não é bobo, ele compreende. Você não se apropriou do tempo para atuar, para fazer o percurso, para mostrar a raiva. Você não está no *presente*. Você já está aqui, e não vejo o seu percurso. Quero saber onde está o seu percurso antes de você atingir o objetivo.

 Uma das únicas armas de vocês é a ação. Mas, enquanto vocês estiverem presos apenas no fazer, nada pode acontecer com vocês. É preciso, então, criar situações, ter presença. É a situação que justifica as ações. O mais importante é encontrar sua situação, seu estado. Vocês precisam de um *estado puro*, de uma sequência de estados muito puros. Será que basta trabalhar com o estado? Será que se está seguro daquilo em que se acredita, ou não? *Acreditar* é o mais importante. Vocês acham que o espaço está fora de vocês. Está errado, ele está em vocês. Não posso receber o espaço se não vejo vocês o recebendo. Só posso ver a distância por meio do olhar de vocês. É na nossa frente que vocês veem. Somos nós que os vemos vendo. Vocês têm de ser visionários. Isso é essencial. Enquanto tivermos entradas ilustrativas, figurativas, vocês não poderão decolar. Se vocês ilustram o espaço, não há cena, não há teatro. É preciso ver para crer. Vocês querem criar por meio da inteligência. Não! Deem-se o tempo de fazer florescer um estado. O problema está na relação do interno com o externo. (Dirigindo-se a um ator.) "Você não chega a traduzir essa relação, então, você faz pequenas coisas, em vez de ousar nos dizer, em vez de sinalizar. São os sinais que fazem perguntas. Enquanto você, num dado momento, não tiver sentido a emoção e a exteriorizado por meio do signo, você não terá descoberto nada. Não se esconda, revele-se. É preciso ousar descobrir. Você é figurativo em vez de ser metafórico, em vez de encontrar o signo".

O problema de vocês é o de traduzir o estado. É um problema de tradução. A interpretação dinâmica é uma tradução. Traduzir algo de imaterial, traduzir uma emoção num corpo. É por meio do corpo que essa emoção se opera. O ator é um tradutor duplo, porque sua própria tradução deve ser também traduzida.

A MÁSCARA CONSTITUI A FORMAÇÃO ESSENCIAL DO ATOR

Ficará claro, ao longo deste estágio, que a máscara contribui para a formação essencial do ator, porque ela não permite a mentira e revela todas as suas fraquezas: falta de imaginação, mais fazer do que ser, falta de presença, falta de escuta. Por sua própria natureza, ela revela toda complacência, toda fraqueza. Ela expõe aquele que não quer entrar no jogo e que se serve dela para se esconder. Inversamente, a máscara pode tornar-se sublime e permitir momentos de teatro de rara intensidade. Atrás da máscara, graças a ela e com a ajuda dela, emergem personagens mergulhadas em aventuras extraordinárias. É verdade que o uso da máscara impõe uma certa forma de interpretação que outras formas teatrais não impõem, por serem menos formais, porém é óbvio que as regras do teatro que aí se aplicam são válidas em todos os lugares, e é o modo de formação em que o ator só pode entrar nu.

Assim, ao longo das aulas, certos princípios simples serão retomados a todo momento, ainda que sua aplicação permaneça difícil: a distinção entre o fácil e o simples, o decorativo e o necessário, o engodo e a fé, o grande e o pequeno, a solidão e a escuta, o movimento e a ação, o ilustrativo e o estado, o externo e o interno. Alguns conselhos que Ariane dá aos atores acabarão tendo a força de máximas: descobrir o pequeno detalhe verdadeiro e preciso; buscar o pequeno para encontrar o grande; não confundir movimento com expressão, irritação com dinamismo, lentidão com profundidade; recusar o movimento pelo movimento; não atuar em contramáscara; aceitar a versatilidade durante a improvisação; e saber renunciar ao que foi previsto para assumir aquilo que se apresenta.

Porém, mais do que tudo, Ariane observa exaustivamente a importância do olhar que se tem sobre as coisas, olhar que aprende, que escuta e que lembra a necessidade da aprendizagem pela observação. As palavras importantes são estado e presença; as regras fundamentais da interpretação, a precisão a serviço da imaginação. Ao ator, que Mnouchkine define como um receptáculo ativo e sobre o qual ela pousa um olhar generoso, porém sem complacência, deve corresponder uma ética do trabalho do próprio ator. Essa é a lição fundamental do estágio.

Apesar das numerosas falhas, dos raros sucessos, o estágio foi, para todos, uma fantástica lição de teatro. Mnouchkine lembrará, ao final, que as leis do teatro sem dúvida existem, mas são tão exigentes que nos escapam como o mercúrio líquido. Durante a noite elas se escondem e, no dia seguinte, ninguém sabe onde foram parar.

ENTREVISTAS

ENTREVISTA COM ARIANE MNOUCHKINE: NÃO SE INVENTAM MAIS TEORIAS DA INTERPRETAÇÃO

EXISTEM TEORIAS DA INTERPRETAÇÃO

J. FÉRAL Ariane Mnouchkine, já sei que para a primeira pergunta que vou lhe fazer você me responderá que não existe uma teoria da interpretação.

A. MNOUCHKINE Não sei se eu diria que não existe uma teoria da interpretação. Sei que eu não tenho nenhuma. Talvez porque ainda não esteja apta a elaborar uma; aliás, talvez eu nunca seja capaz de fazer isso, porque a concepção de uma teoria da interpretação pressupõe, na verdade, uma elaboração escrita da teoria e uma prática da interpretação. Digamos que nós, diretores e atores, "nós praticamos a prática" e não a teoria. Penso que há, se não uma teoria da interpretação, ao menos leis teóricas que, curiosamente, se encontram em todas as tradições de interpretação. A expressão "teoria da interpretação" não me parece fundamentalmente falsa, mas me soa sempre um pouco imperialista e pretensiosa. Prefiro utilizar leis fundamentais que às vezes são conhecidas, mas se perdem e são esquecidas, porque é apenas a prática que, repentinamente, faz ressurgir a lei ou a tradição. Não direi, portanto, que não existe uma teoria da interpretação, ao contrário, já houve muitas. Obviamente, o que me interessa nessas várias teorias são as leis essenciais que permeiam todas elas.

J. FÉRAL Nos anos 1960, existiam algumas teorias da interpretação às quais todos se referiam: as de Brecht, Artaud e Grotowski, por exemplo, que representaram um momento importante da evolução teatral. Alguns desses teóricos foram praticantes, outros não. Artaud, por exemplo, não foi um praticante como Brecht, apesar de ter tentado, mesmo tendo escrito para o teatro. Em contrapartida, o que ele disse do teatro foi suficientemente sentido para provocar a adesão de toda uma época. Atualmente, os atores profissionais e os em formação estão um pouco desamparados, porque todos aqueles que eram nossos mestres, que nos faziam pensar, não o são mais.

A. MNOUCHKINE Não existiram apenas eles. Esses teóricos estão entre os maiores, mas não houve apenas eles. Tivemos Stanislavski, evidentemente, Meyerhold... e outros. Na França, por exemplo, alguns escreveram coisas absolutamente fundamentais: Copeau, Dullin, Jouvet. Se você os reler, perceberá que existem coisas nos escritos de Copeau que são encontradas em Zeami, e é isso que é interessante, tocante, não tranquilizador, mas "confortador". Vemos, então, que Copeau disse novamente do século XX o que foi dito no Japão do século XV, e que Brecht, por mais original e ideólogo que possa ser, em seus momentos menos legisladores, redescobre aspectos completamente tradicionais do teatro oriental. Você tem razão, eu não faria distinção entre mestre praticante e mestre não praticante, porque Artaud, até onde se sabe, fracassou no âmbito da prática, provavelmente porque não teve forças físicas nem mentais para realizar aquilo que queria. Mas o que ele escreveu está tão próximo da prática do teatro balinês... ele fez uma tradução teórica tão forte que é quase uma prática.

J. FÉRAL Artaud teve intuições tão fortes que elas tocaram nossa sensibilidade, nossa expectativa no âmbito do teatro, de maneira que, ainda que não tenha nos dado um método, ele é importante. Stanislavski, Brecht, Artaud compartilham o seguinte ponto: as leis que eles tentam revelar estão apoiadas, antes de tudo, numa visão do que deve ser o ator teatral em sua essência.

A. MNOUCHKINE Eu não colocaria Artaud e Brecht no mesmo nível. Artaud está mais próximo do fundamental do que Brecht. Brecht criou as leis de um certo tipo de teatro, das quais algumas se encontram em todos os tipos de teatro. Acho que Artaud pensou mais no ofício do ator, na sua missão, de modo mais profundo... menos político e mais metafísico. Regras fundamentais tão misteriosas!

J. FÉRAL Tem-se a impressão de que as práticas do teatro, tanto no Oriente como no Ocidente, tornaram-se universais, mesmo quando variam de um lugar para outro, porque elas são regidas pelas leis fundamentais de que falávamos. Quais são essas regras?

A. MNOUCHKINE Você gostaria que eu fizesse um inventário? (Risos.) O que posso dizer? Elas são, ao mesmo tempo, tão misteriosas e voláteis... Às vezes, durante um ensaio, tem-se a impressão de que se vislumbrou uma das regras que a gente achava que conhecia perfeitamente na véspera. Aí, de repente, num outro ensaio, não há mais teatro. O ator não consegue mais interpretar, o diretor não consegue mais ajudá-lo. Perguntamo-nos o porquê disso e não compreendemos. Temos a impressão de respeitar as regras e, na realidade, subitamente, percebemos que esquecemos o essencial, como estar no presente. Acho que o teatro é a arte do presente para o ator. Não há passado, nem futuro. Há o presente, o ato presente. Quando vejo jovens alunos trabalharem, como eles dizem, "baseados no método de Stanislavski", me surpreendo ao constatar como, às vezes, eles "voltam ao passado". Obviamente, Stanislavski fala do passado da personagem, de onde ela vem, do que ela faz. Mas disso decorre que os alunos simplesmente não conseguem mais encontrar o presente, a ação presente. Então, quando eles voltam, digo-lhes sempre: "Vocês entram inclinados para trás, com o peso de todo esse passado, enquanto no teatro apenas o instante existe". A lei mais misteriosa talvez seja a que rege o mistério que há entre o interno e o externo, entre o estado, ou o sentimento, como diz Jouvet, e a forma. Como dar forma a uma paixão? Como exteriorizar sem cair na exterioridade? Como pode ser feita a autópsia do corpo... do coração? (Ariane diz "corpo" para depois corrigir-se e dizer "coração") Meu lapso é bem revelador, já que essa autópsia é feita no corpo. Podemos dizer que um ator digno desse nome, ou uma atriz digna desse nome, é um tipo de "autopsiador", um tipo permanentemente transparente, como nas ilustrações de anatomia. Seu papel é o de mostrar o interior.

Ontem foi ótimo, houve um pequeno debate[1] com os alunos que optaram por teatro, todos muito jovens. Eles não paravam de me fazer a mesma pergunta: "Como é possível haver tanta emoção?" (Ariane refere-se a um momento da peça em que Nehru diz: "Tenho medo".) Foi uma menina de 15 anos que me fez a pergunta, depois um menino. Então, nos colocamos a seguinte questão: Como? Por que uma menina de 15 anos, francesa, pode sentir-se, de repente, tocada por uma cena interpretada por Nehru?

E concluímos que há algo particular no teatro, que é a memória do não vivido. Assim, uma menina francesa, não tendo vivido aquela situação, foi capaz, pelo encanto do teatro, e do ator, de compreender e de reconhecer o que ela tem de parecido com um homem de 60 anos – que vive num país de 400 milhões de habitantes –, de compreender seu medo. Ficamos contentes ao descobrir que o teatro é isso, que o teatro acontece no momento em que um ator consegue tornar familiar o desconhecido e, inversamente, confunde e mexe com aquilo que é familiar (não o cotidiano, porque o cotidiano é justamente "o que já está gasto"). Então, você me pergunta: "Quais são essas leis, essas regras?". Se eu as conhecesse permanentemente, não diria a mim mesma o que digo todos os dias nos ensaios: "Bom, então, o que é teatro? Vamos conseguir ter um instante de teatro hoje?".

[1] A propósito do espetáculo *L'Indiade*.

A EMOÇÃO VEM DO RECONHECIMENTO

J. FÉRAL Essa emoção, você fala disso do ponto de vista do ator, mas é verdade que essa emoção que o ator cria e projeta pelo viés de sua personagem, ela existe também por parte do espectador, que vai buscá-la no ator. São duas emoções que se encontram.

A. MNOUCHKINE A emoção é diferente nesses dois casos. Por exemplo, o teatro indiano oferece algo muito bonito sob esse ponto de vista. Há grandes livros teóricos sobre o assunto. Há Zeami, é claro, mas também um livro indiano, uma obra volumosa que apresenta toda a teoria do teatro indiano. Encontramos nela algumas leis que acho extraordinárias. Há, por exemplo, duas palavras diferentes. Uma para definir a emoção do ator e da personagem e outra, a emoção do espectador que assiste a esse ator. E acho que, ao usar determinado estilo de interpretação, alguns atores ocidentais confundem o que deveria ser sua emoção, e estar na ação, com o que será a emoção do espectador. Os bons momentos são aqueles em que, de repente, um espectador tem lágrimas nos olhos, enquanto o ator interpreta um momento de alegria, de felicidade e de riso. Por que, subitamente, você começa a chorar de alegria ou de reconhecimento?

J. FÉRAL Porque percebemos, nesse momento, a precisão do que está

"FICAMOS CONTENTES AO DESCOBRIR QUE O TEATRO É ISSO, QUE O TEATRO ACONTECE NO MOMENTO EM QUE UM ATOR CONSEGUE TORNAR FAMILIAR O DESCONHECIDO [...]."
p. 61

RICARDO II (SHAKESPEARE).

acontecendo, a verdade do momento ao qual se assiste, independentemente do que ele exprime.

A. MNOUCHKINE Exatamente, a emoção vem do reconhecimento, do fato que é verdadeiro.

J. FÉRAL Esse reconhecimento não é somente o do conteúdo, do que se diz, da vida que ali está interpretada; é o reconhecimento da precisão do que acontece na cena, percebida na atuação do ator. É isso que fascina no Théâtre du Soleil; muitas vezes, não direi o tempo todo, mas na maior parte do tempo, os atores tornam-se precisos. Há em seus gestos algo que revela a necessidade do momento, da urgência. Há tamanha eficácia que dizemos que o único gesto que o ator podia fazer naquele momento com tamanha precisão é exatamente o que ele executou, e o que vimos. Isso nos leva a uma das leis que você abordava agora há pouco. Você disse que o ator deve estar presente.

A. MNOUCHKINE Atenção, eu não disse "estar presente", mas "estar no presente". O ato teatral se passa no instante e, uma vez que passou, outra coisa acontece.

J. FÉRAL Um dos conceitos emprestados do Oriente, do qual se fala muito atualmente, e que pessoas como Eugenio Barba utilizam em seu trabalho com o ator, é o da *presença* do ator. É uma noção muito difícil de discernir, mas, como espectadora, posso identificar um ator que tem presença em relação a um que não tem. O corpo desse ator está presente no palco, mas não o vemos, vemos apenas sua falta. Ele está vazio. Você utiliza essa noção de presença? Ela corresponde a algo parecido com isso para você?

A. MNOUCHKINE A presença é, com efeito, alguma coisa que se constata, mas nunca trabalhei com essa noção. Eu não saberia como dizer a um ator para estar presente. No entanto, o que sei é que tento fazer com que o ator esteja no presente em sua ação, em sua emoção, em seu estado e na versatilidade da vida também. São as lições que nos dá Shakespeare. Sentimos junto com ele que se pode começar um verso numa cólera assassina e ter um instante de esquecimento dessa cólera, para sentir-se apenas alegre com alguma coisa que está no texto, para, em seguida, recair num atroz desejo de vingança e tudo isso em dois versos, quer dizer, em alguns segundos. Então, o presente está hiperpresente. Está presente naquele segundo. Quanto ao próprio conceito de presença do ator, aí... há atores que são presentes e outros menos. Um bom ator está presente. Isso tem a ver com o dom. Não há mau ator que tenha presença ou, então, trata-se de uma má presença. A presença progride com a capacidade de desnudar-se de um ator.

DAR MÚSCULOS À IMAGINAÇÃO

J. FÉRAL Como você ajuda o ator a estar no presente? Você adota alguma técnica? Seu método é uma forma de escuta?

A. MNOUCHKINE Não acredito que haja uma técnica. É provável que existam métodos, e acho que cada diretor tem o seu, talvez inconscientemente. Eu tenho um, sem dúvida, mas não o conheço. A última palavra que você disse é muito importante: "escuta". Acho que sei fazer isso bem. Não chegaria a dizer que sei, mas gosto, gosto de escutar e gosto de olhar os atores. Gosto disso apaixonadamente. Isso já é uma maneira de ajudá-los. Eles sabem que não deixo de escutá-los, de olhá-los. Mas como exatamente os ajudo, nem imagino.

J. FÉRAL Você os dirige, os estimula. Um dia você disse: "É preciso dar músculos à imaginação do ator". Essa é uma forma de ajudar, esse alimento que você fornece ao imaginário dele.

A. MNOUCHKINE Eu me apoio totalmente nessa expressão "dar músculos". Quando trabalho com atores bem jovens, num estágio, por exemplo, é uma das primeiras perguntas que lhes faço. Pergunto-lhes qual é, segundo eles, o músculo mais importante do ator. Obviamente ninguém pensa nisso, então, digo--lhes: "É a imaginação". E isso é para ser exercitado, fortalecido, trabalhado; é como uma panturrilha.

J. FÉRAL Por qual viés?

A. MNOUCHKINE Pela sinceridade. Pelas emoções. Pela interpretação, realmente pela interpretação. Não pela memória, porque não acredito nisso. É preciso, pouco a pouco, chegar a ter visões, a ser um visionário, a enxergar aquilo que dizem, a enxergar aonde vão, onde estão, a enxergar o céu acima deles, a chuva, a receber a emoção do outro, a acreditar nisso. Estamos falando séria e profundamente das teorias do teatro, mas, finalmente, da teoria essencial. É nela que se precisa acreditar: acreditar que interpretamos aquilo que somos, o que encarnamos, e crer naquilo que o outro encarna, crer no seu problema, na sua força, na sua raiva, na sua alegria, na sua sensualidade, no seu amor, no seu ódio, naquilo que você quiser... É preciso acreditar nisso tudo. E, muitas vezes, a confusão que se faz com Brecht é que acreditamos compreender o que ele dizia sobre não ser preciso acreditar. Brecht nunca disse isso. O que ele disse é que não se pode enganar. Acho que existe alguma coisa no trabalho do ator que faz não com que ele caia na infância, mas que entre nela, que se livre das imagens feitas, que são o contrário da imaginação. Essas imagens feitas são clichês, muletas, e é justamente aí que as emoções não existem.

J. FÉRAL Mas essa imaginação deve alimentar-se em algum lugar. Não basta que o ator diga a si mesmo "Vou acreditar nisso" para começar a acreditar. São necessários pontos de apoio para ajudá-lo a acreditar.

A. MNOUCHKINE Antes de tudo é preciso que haja uma situação; não diria um pretexto, pois sabemos que ele é sempre possível em improvisação, mas é preciso haver uma situação teatral e a ambição de criar uma personagem. É preciso que haja invenção, descoberta.

FUGIR DO COTIDIANO

J. FÉRAL Esse trabalho sobre a personagem faz-se sozinho? Em grupo? Discutindo o assunto?

A. MNOUCHKINE Não se faz nada sozinho. O trabalho, logo de cara, é feito por meio do jogo. Para nós, nunca, nunca se faz um trabalho de mesa. Lemos a peça uma vez e, no dia seguinte, já estamos no tapete. Os atores podem resolver tentar interpretar todas as personagens que queiram durante várias semanas, vários meses. Eles pegam peças de velhos figurinos que estão à disposição para se vestirem e começam. E já representamos imediatamente. É preciso haver teatro já no primeiro dia.

J. FÉRAL Algumas amarrações acontecem logo no começo? Os atores guardam na memória o que interpretaram, para que os gestos, as atitudes, as situações encontradas ao longo da improvisação sejam mantidos durante os ensaios ou é apenas um período de exploração?

A. MNOUCHKINE Há um período de exploração, mas as coisas boas ficam quando são realmente boas, quando todos compreendem e há uma evidência. É aquilo que você dizia sobre a precisão do gesto, a evidência do gesto. Não é o gesto que ficará, pois as coisas são fixadas muito mais tarde, mas saberemos que aquela personagem tem um certo tipo de gesto, que ela é um pouco assim. Depois, descobriremos outra coisa. Porque a regra que nos parece mais importante é a de lembrar-se bem de que todas as personagens, todas, têm uma alma completa. Dizemos também – e isso é um pouco dogmático – que cada personagem de uma peça contém todas as outras. Há um pouco do Príncipe em Falstaff, um pouco do pai no filho, um pouco da noiva no noivo, um pouco da noiva na ama de leite, um pouco da ama de leite em Juliette... Todo mundo é completo. Porque às vezes nos acontece de cair numa posição transversalmente oposta. Houve momentos em que percebi que o conceito de trabalho sobre a personagem, o próprio conceito de personagem, podia ser muito limitador, em vez de fazer dela alguém ilimitado e sempre surpreendente. Há personagens-tipo, é claro, mas é preciso sempre poder ir além do tipo.

J. FÉRAL Você faz um estudo psicológico das personagens? Pergunto isso porque, em *L'Indiade*, não temos a impressão de que as personagens tenham uma psicologia. Tem-se mais a impressão de que são personagens de teatro, apresentadas como construções cênicas com muita teatralidade, complexas, mas sem a psicologia do cotidiano. É quase como se fossem armaduras. Elas veiculam mais signos do que psicologia.

A. MNOUCHKINE De preferência fugimos do cotidiano. Não falamos de psicologia, mas sim da alma das personagens. Elas têm emoções, sensações. Sentem frio, fome, são orgulhosas, umas querem o poder, outras não, são teimosas. Cada uma tem sua maneira de ser, cada qual o seu mundo. Boileau disse: "O verdadeiro pode, algumas vezes, não ser verossímil", e o verossímil não é necessariamente verdadeiro. Num espetáculo histórico, isso é ainda mais perceptível. Isso quer dizer que o que se passou é isso. São essas personagens que passaram, orientaram ou fizeram aquilo. É com a sua "psicologia", como você diz, que os eventos aconteceram. Mas não há o que fazer, o teatro não está encarregado de representar a psicologia, e sim as paixões, outra coisa completamente diferente. Cabe a ela representar os movimentos da alma, da mente, do mundo, da história. No Théâtre du Soleil, a psicologia é uma crítica. Quando digo aos atores: "Atenção, está psicológico", isso é uma crítica. Eles sabem muito bem o que quero dizer: que não está verdadeiro, que está lento, complicado, narcísico. Contrariamente ao que se crê, a psicologia não se estende a algo interior, mas à máscara exterior.

O TEATRO É ORIENTAL

J. FÉRAL Não há tradição do gesto no Ocidente. Muitos diretores de teatro vão buscar essa tradição no Oriente. Você mesma, com o Théâtre du Soleil, encontrou inspiração no universo das formas teatrais asiáticas. O que você foi buscar lá?

A. MNOUCHKINE As teorias orientais marcaram todas as pessoas de teatro. Impressionaram Artaud, Brecht e todos os outros, porque o Oriente é o berço do teatro. Então, fomos lá buscar o teatro. Artaud dizia: "O teatro é oriental". Essa reflexão vai mais além. Artaud não supõe que existam teorias orientais interessantes para o teatro, ele afirma que "o teatro é oriental". E acho que Artaud está certo. Portanto, eu diria que o ator vai procurar tudo no Oriente: ao mesmo tempo mito e realidade, interioridade e exteriorização, aquela famosa autópsia do coração por meio do corpo. Vamos lá buscar também o não realismo, a teatralidade. O Ocidente criou apenas a *commedia dell'arte* – mas também ela vem da Ásia – e que tem um certo realismo do qual escapam os grandes atores. É verdade que um grande ator, mesmo quando está num teatro realista, consegue (não se sabe muito bem como) não ser realista. Mas é difícil.

J. FÉRAL No fundo, o teatro precisa de tradições.

A. MNOUCHKINE Ele precisa de fontes e de memória. Ele precisa ser retrabalhado para fazer florescer sempre as profundezas e as origens do ser humano. Dificilmente, pode-se dizer que tradições são necessárias. Nós as temos. As linhagens existem e elas nos pertencem completamente, além das fronteiras.

J. FÉRAL Como você escolhe seus atores?

A. MNOUCHKINE Há uma grande quantidade de jovens atores que querem entrar no Soleil. Então, existem várias peneiras. O estágio é uma delas, mas não a única, porque não faço a seleção dentro dessa ótica. Não sei como escolho os atores. Escolho pessoas que, primeiro, me tocam. Pessoas que me tocam do ponto de vista humano, antes do ponto de vista artístico. Pessoas que me emocionam. Gosto daquelas nas quais pressinto a força, a inocência, a fantasia, a alegria e a exigência também.

J. FÉRAL Acontece de você se enganar?

A. MNOUCHKINE Sim, mas pouco; porém, meus erros são graves, porque, num grupo, é grave errar. Isso já aconteceu comigo. Quando me dou conta de um erro suficientemente a tempo, não é muito grave, é possível corrigi-lo rapidamente. Mas, quando o pássaro já fez seu ninho, aí é mais grave. Tivemos momentos de crise. No entanto, em 24 anos meus erros importantes não ultrapassam, acho, os dedos de uma mão. Houve uma boa quantidade de erros, mas pequenos. Houve pessoas cujo lugar, efetivamente, não era o Soleil; mas os que tentaram prejudicar e os que conseguiram foram realmente raros.

J. FÉRAL Você disse que o dever de todo diretor de teatro é o de realizar *workshops* para os atores. Seria porque a formação é insuficiente?

A. MNOUCHKINE Sim, existe uma formação, mas ela é insuficiente quando se vê a demanda real. Existe uma ou duas boas escolas e elas aceitam apenas trinta ou quarenta alunos por ano. E mesmo os alunos que passaram pelas escolas precisam continuar trabalhando. Quando não atuam, esclerosam-se.

NÃO SE INVENTAM MAIS TEORIAS DA INTERPRETAÇÃO

J. FÉRAL Por que não escrever suas teorias da interpretação?

A. MNOUCHKINE Primeiro, porque escrever não me é familiar; depois porque, sinceramente, acho que sobre interpretação tudo já foi dito de um modo extraordinário. Jean-Jacques Lemêtre, nosso músico do Théâtre du Soleil, dizia a alguém que lhe perguntava se ele havia inventado os instrumentos: "Não se inventam mais instrumentos; eles são transformados, redescobertos, mas não se inventam mais. Todos já foram inventados". Eu diria a mesma coisa, que não se inventam mais teorias da interpretação. O problema é que as teorias da interpretação existem, mas são sepultadas à medida que são anunciadas. Que os jovens estudantes leiam, então, Zeami, Artaud, Copeau, Dullin, Jouvet, Brecht também... tudo está ali. É tudo o que posso lhes dizer. E que façam teatro. Não há mais nada a dizer.

LA VILLE PARJURE (HÉLÈNE CIXOUS).

ENCONTRO PÚBLICO DO SOLEIL COM AS ESCOLAS DE TEATRO: UM GRUPO COMEÇA COM UM SONHO[1]

[1] Este encontro público com Ariane Mnouchkine aconteceu na Universidade do Québec em Montreal, no dia 6 de novembro de 1992. Foi organizado pelo Departamento de Teatro, com o apoio do Festival de Teatro das Américas, por ocasião da apresentação do ciclo *Les Atrides* em Montreal. Ariane Mnouchkine e cerca de quinze atores do Théâtre du Soleil participaram do evento.

A. MNOUCHKINE **Gostaria de apresentar, antes de começar o debate, os atores do Théâtre du Soleil, que estão à mesa ao meu lado e na sala. Eles deverão sair às quatro horas para se preparar. Não para passear (risos), mas porque têm de trabalhar. Bom, nesta mesa estão Duccio Bellugi, Brontis Jodorowsky, Simon Abkarian, Nirupama Nityanandan e Juliana Carneiro da Cunha. Eles são os protagonistas. Falta Catherine Schaub, a corifeia, que está descansando.**

JEAN-MICHEL LAMOTHE (DEPARTAMENTO DE TEATRO DA UQAM)[2] **Por ocasião da entrevista concedida na quinta-feira passada na arena Maurice-Richard[3], você utilizou uma bela metáfora para descrever a relação do artesão do teatro com a obra que ele se dispõe a realizar. Você comparou a obra com uma montanha que é preciso escalar e não contornar. Quais são, para você, as qualidades essenciais que um ator deve trazer na bagagem para conseguir escalar essa montanha, e chegar ao ponto mais alto possível? E essas qualidades são inatas ou podem ser adquiridas por meio do próprio ofício?**

A. MNOUCHKINE **Vou começar pelo fim. Será que essas qualidades são inatas ou podem ser adquiridas? Eu acho, obviamente, que há um dom. Há pessoas que são dotadas para isso e aquelas que têm talento para outras coisas. Não podemos nos enganar de vocação. Acredito no talento. Mas evidentemente um dom não cultivado, um dom sem trabalho, é ainda pior.**

2 Universidade do Québec em Montreal (UQAM).
3 Onde foi apresentada a peça *Les Atrides*.

Acredito, então, que existem muitas coisas que são adquiridas.

Mas negar o fato de que certos atores são feitos para o teatro é não querer enxergar a verdade.

Agora, o que um ator deve trazer na bagagem para escalar a montanha? Coragem. (Risos.) Muitíssima coragem, paciência, e, talvez, necessidade de elevação. E, quando digo necessidade de elevação, obviamente não estou querendo dizer de celebridade ou de glória. Um ator, ou uma atriz, só escalarão uma montanha se tiverem necessidade de poesia, de amplidão, de superação, em suma, do humano. Porque talvez essa necessidade de superação seja própria do ser humano. Sei que este tipo de discurso não está muito em moda. (Risos.) Portanto, são necessárias boas panturrilhas. Quer dizer, um corpo o mais livre possível, o mais treinado possível, mas também imaginação, uma imaginação tão livre e treinada quanto possível.

TRABALHAMOS PARA DEIXAR PASSAR A IMAGEM

CHANTAL COLLIN (ESCOLA NACIONAL DE TEATRO DO CANADÁ) **Se o músculo mais importante do ator é justamente a imaginação, uma vez que isso pode ser trabalhado, que é passível de ser fortalecido como a panturrilha, o diretor pode ajudar a estimular a imaginação do ator? Se sim, como você procede?**

A. MNOUCHKINE Talvez o essencial do ofício de diretor de teatro seja dar espaço para a imaginação do ator. É preciso abrir-lhe o maior número possível de portas e, talvez, dar-lhe a maior quantidade de alimento possível. Então, como procedo? Vou confessar-lhe que para mim é sempre difícil definir o que faço, porque não sei muito bem e isso depende do momento. No trabalho com os atores, trocamos muitas imagens. Eles me dão imagens por meio de suas ações, suas realizações no tapete de ensaio. Eu também lhes devolvo imagens. Proponho mundos. E, se isso não funciona, se não dá em nada, então, proponho outros. Além disso, às vezes, um ator me apresenta alguma coisa e eu vou na garupa. Então, tentamos galopar juntos.

Sua pergunta é boa na medida em que mostra que é preciso tocar as imaginações, o que não quer dizer simplesmente estimular a espontaneidade anárquica de cada um. Algumas vezes, quando vejo aquele jogo, o *curling*, em que uma pessoa fica "varrendo" na frente dos jogadores para que a pedra passe (risos), eu digo que nosso trabalho é um pouco parecido, que trabalhamos para que a imagem passe. Deixem passar! Deixem passar! Está aqui uma imagem! Uma imagem! Deixem passar! (Risos.)

CHARLES LAFORTUNE (CONSERVATÓRIO DE ARTE DRAMÁTICA DE MONTREAL) Aqui, no Canadá, temos uma certa maneira de conceber os espetáculos; o diretor chega, por exemplo, e diz: "Montaremos tal peça de tal maneira". Os atores aceitam e dão ao diretor aquilo que ele solicita. Gostaria de saber, concretamente, se é você quem orquestra as coisas no Théâtre du Soleil. Você tem uma imagem bem clara do espetáculo desde o começo ou ela se constrói durante o trabalho? Você tem direito de veto? (Risos.) Como você trabalha concretamente?

A. MNOUCHKINE Quando apresento uma proposta de espetáculo em reunião com os atores e técnicos do Théâtre du Soleil, não tenho a menor ideia do que será. Tenho um coração que pulsa, um desconforto, uma espécie de amor pela obra ou pelo conjunto das obras ou de temas sobre os quais falo aos atores. Algumas vezes, no caso das peças que foram em seguida escritas por Hélène Cixous, nem sequer as havia lido. Quando as propus aos atores, tinha apenas o tema.

Existe, então, uma espécie de amor à primeira vista. É como um continente a ser descoberto. Há pessoas que se lançaram ao mar dizendo que iam descobrir um continente e depois, em vez de encontrarem a Índia, descobriram a América. Tenho a impressão de que, quando partimos para uma obra, partimos para uma aventura. Mas o continente que acreditamos descobrir não é aquele aonde chegaremos.

CHARLES LAFORTUNE Mas quando descobrimos a América, quando chegamos à terra firme, para você o espetáculo terminou? Ou vocês continuam a trabalhar juntos?

A. MNOUCHKINE Depende. Como temos o privilégio, o luxo, de trabalhar por bastante tempo, sentimos, em dado momento, que o espetáculo ainda não está totalmente acabado, mas que finalmente precisamos de público para terminá-lo.

Os casos são diferentes. Por exemplo, há espetáculos em que continuamos a trabalhar, porque faltaram uma ou duas semanas para terminá-los, apesar do tempo que nos demos. Foi o que fizemos, por exemplo, com os três primeiros espetáculos das *Atrides* (inclusive *Ifigênia*), que já apresentamos mais de 150 vezes. Continuamos, então, a tentar aprofundá-los, mas não a modificá-los, ou, às vezes, alteramos um pouquinho. É como se o espetáculo tivesse ganhado um corpo, uma natureza, de modo que mudar um elemento é quase fazer uma operação e, geralmente, fica pior.

Ainda que sempre haja coisas que não nos satisfazem, chega um momento em que é tarde demais e é melhor aceitar as imperfeições que existem. Isso acontece em todos os espetáculos, mesmo nos mais bem-acabados. Ocorre em todas as peças, inclusive nas grandes obras de arte. Além disso, Shakespeare e Ésquilo aceitaram deixar certos erros em suas obras. Então, se eles ousaram aceitar algumas imperfeições, nós também podemos aceitá-las.

O TEATRO É AQUI, AGORA, DE VERDADE, IMEDIATAMENTE

DIANE DUBEAU (DEPARTAMENTO DE TEATRO DA UQAM) **Gostaria de** ouvir você falar sobre o estado de presença e o "estar no presente". Acho que você diferencia essas duas noções. Qual distinção você faz? Pode-se dizer que a presença é passível de ser trabalhada?

A. MNOUCHKINE Acredito que sim. Quando, no trabalho, digo que não se está suficientemente *no presente*, isso nada tem a ver com o que você chama de "presença". Na França se diz: "Tal ator tem presença" ou, então, "tal ator não tem". Se ele não tiver presença, então, não é um ator. (Risos.) É muito chato um ator que não tem presença. É uma ausência, na verdade. (Risos.) Um ator que age, quer dizer, que atua e que está no presente, obviamente tem presença. Aliás, não é ele que tem presença. É a personagem que, naquele momento, tem presença.

É por isso que não gosto muito dessa expressão bem parisiense que diz "tal ator tem uma presença formidável". Se ele tiver presença demais, também não é bom, porque, então, o que fazer com a presença de Agamêmnon? Portanto, falar da presença tornou-se um jargão profissional, corporativo, que não é necessariamente justo.

O que dizemos é o seguinte: o teatro é aqui, agora, de verdade, imediatamente. São pequenas regras que nos impomos. O teatro é aqui, quer dizer que se estiver em Verona, na manhã do casamento de X, é lá que se está, não em outro lugar, nem ontem.

Os jovens atores que leram mal Stanislavski, ou a quem talvez nem sempre se tenha ensinado direito, fazem tantas perguntas que, quando entram em cena, eles carregam tantas coisas do passado que se esquecem de atuar no presente. Estar no presente é estar no presente de cada palavra e não no verso seguinte, na réplica seguinte, uma vez que a réplica seguinte, na verdade, ainda não foi escrita.

Num dado momento, fizemos um pequeno exercício: dissemo-nos que trabalharíamos a peça toda como se ela tivesse sido escrita por nós, quer dizer, no desconhecido, na descoberta absoluta.

Para fugir daquilo que diríamos dali a pouco, ou daquilo que iriam nos dizer, uma vez que não sabemos, será preciso *escutar*.

Então, estar no presente é isso. E esse é o nosso método. Percebemos que, nos grandes textos antigos ou modernos, se não estivermos presentes, ficamos superficiais. Privamo-nos, assim, de uma infinidade de emoções a que chamamos de *estados*.

Se lermos quinze versos do coro de Ésquilo ou quinze versos de Shakespeare, perceberemos que é como um céu carregado, quer dizer, há um momento em que há o desespero e depois, de repente, há o esquecimento desse desespero porque existe uma imensa esperança e, em seguida, repentinamente, passamos a uma cólera assassina e, depois, vem novamente o desespero. É preciso estar absolutamente *no presente* para poder representar tudo isso. Não se representam duas emoções ao mesmo tempo; algumas vezes atuamos de modo extremamente rápido, mas uma emoção após a outra. Isso é o presente.

DIANE DUBEAU Vamos, então, banir a palavra "presença" e digamos "estar no presente". Minha pergunta é para os atores. Todas as noites, vocês atuam nos espetáculos durante muito tempo. Vocês usam técnicas particulares para se concentrar antes do espetáculo? Como vocês aplicam esse "estar no presente"?

SIMON ABKARIAN A partir do momento em que nós nos dizemos "estou no presente", isso quer dizer "não estou representando!". Há uma coisa que sabemos, é claro, que não estamos lá de verdade. Foi o que disse Ariane: se soubermos que vamos tomar um tapa na cena e começamos a recuar, não estamos no presente. (Risos.)

CADA PERSONAGEM CONTÉM TODAS AS OUTRAS

ANNICK CHARLEBOIS (ALUNA DA ESCOLA LIONEL-GROULX) Você faz muito pouco trabalho de mesa, pouquíssima leitura das peças. Você tenta evitar a psicologia, o realismo. Como criar uma personagem se evitamos a psicologia realista e a leitura, portanto, a análise do texto? Como você elabora as personagens?

A. MNOUCHKINE Não é porque não se faz quinze dias de trabalho de mesa que isso se torna uma regra. Esse mecanismo é realmente muito particular no Théâtre du Soleil. Quando afirmamos "é preciso estar no presente", tenho realmente a impressão de que é uma lei relativamente fundamental do teatro, mas, quando dizemos "no Théâtre du Soleil não se faz quinze dias de trabalho de mesa", isso não é uma regra. Por que não o fazemos? Porque isso me enfastia. O trabalho de mesa me entedia. E, depois, não estou segura se o diretor ou o dramaturgo deve se transformar durante quinze dias em professor de civilização teatral. Há quem faça isso muito bem. Além do mais, os atores rapidamente querem levantar-se, atuar. Eles têm vontade de atuar. Mas não é porque renunciamos ao trabalho de mesa que não tentamos compreender aquilo que estamos fazendo. Tentamos compreendê-lo no tablado, no tapete.

A segunda pergunta diz respeito à maneira como abordamos uma personagem, sem psicologia. Se eu lhe perguntasse o que existe como indicação psicológica num texto para definir Agamêmnon, acho que a deixaria confusa. Quer dizer, quando tentamos construir Agamêmnon, Ifigênia ou Clitemnestra, buscando a psicologia das personagens, somos obrigados a inventar, de ponta a ponta, essa psicologia. Porque há somente paixão no texto. Há apenas objetivos e paixão. Isso é típico de Eurípides, do qual os professores dizem que se trata de um autor psicológico. Finalmente, à exceção da personagem Aquiles, a única noção psicológica que se pode ter de uma personagem é quando Clitemnestra diz de Agamêmnon: "É um homem covarde, tem medo demais do exército". Se houvéssemos unicamente trabalhado Agamêmnon como "um homem covarde", teríamos chegado a um resultado estranho. (Risos.) No entanto, é perfeitamente verdade. Agamêmnon tem certo tipo de covardia, a covardia dos heróis, dos chefes guerreiros, quer dizer, ele tem medo de perder sua popularidade. Mas será que isso é realmente psicológico?

E, ainda, será que são personagens? Faz pouco tempo, desde *L'Indiade* na verdade, que digo algumas vezes a palavra "personagem" e sempre me corrijo. Digo: "Não, esqueçam a palavra 'personagem'". Porque, finalmente, a partir do momento em que utilizamos a palavra "personagem", estamos sendo um pouquinho racistas, quer dizer, limitativos. Dizemos: uma personagem é aquela que não tem isso ou aquilo. Mas não sabemos. E, consequentemente, restringimos a noção.

Tenho a impressão de que, em uma grande obra, cada personagem contém quase todas as outras. Dizendo de outro modo, há pessoas que não passam de caricaturas ou, mais precisamente, são limitadas.

JULIANA CARNEIRO DA CUNHA No processo de criação das personagens, a maquiagem e o figurino são importantes. Eles contribuem para a transformação, de modo que, antes de começar a trabalhar, já estamos transformados.

ANNICK CHARLEBOIS Seria correto dizer que vocês trabalham as personagens de fora para dentro?

A. MNOUCHKINE Não, não, não é isso.

JULIANA CARNEIRO DA CUNHA Não, porque a personagem que se cria com o figurino também corresponde a uma imagem, a uma imaginação.

Nós nos maquiamos a partir de uma imagem, de uma visão que temos. E isso vem de dentro.

A. MNOUCHKINE Não creio que se possa dizer que um figurino trabalhado – como penso que deva ser, quer dizer, buscado como se busca todo o resto – seja externo. Os atores buscam seus figurinos como buscam, como nós buscamos, todo o resto. Não acho, então, que o figurino seja externo. Ele faz parte do interno.

O figurino faz parte do externo quando é entregue dois dias antes da estreia, vindo de uma maquete que foi decidida três meses antes do primeiro ensaio. Aí, sim! O figurino faz parte do exterior.

Mas quando ele é elaborado com velhos pedaços de pano, como quando uma criança se fantasia, pouco a pouco, com defeitos, aí sim ele se torna interno.

No começo, os atores parecem uns repolhos, é medonho. Temos fotos dos primeiros ensaios. Cada vez que as vemos, damos muita risada. Mas, no começo, não rimos de nada. Na verdade, o figurino não é nem psicológico, nem externo.

O que disse Juliana é totalmente verdadeiro. É como uma evocação. É uma evocação para tentar fazer com que a personagem venha, habite, invada. Num determinado momento, todos os meios são bons. Há momentos em que tento de tudo, em que os atores tentam de tudo. São momentos em que ficamos loucos. E é normal que se fique louco diante das grandes obras.

E procuramos em todos os lugares. Depois de um tempo, é muito curioso, acabamos achando, e dizemos: "Mas não tínhamos feito isso na semana passada". Sim, tínhamos feito, mas não dessa forma. Por causa dessas enormes divagações, aconteceu uma coisinha a menos, aquela coisinha que, de repente, traz uma evidência, e isso não é nem psicológico nem externo. Assim é.

DOMINIQUE DUPIRE (DEPARTAMENTO DE TEATRO DA UQAM) Gostei muito dos figurinos nas suas montagens. Queria saber qual é o seu procedimento para chegar ao figurino final. Há muitos elementos que são inspirados diretamente dos povos situados próximos à Grécia? São elementos autênticos usados como figurinos, caso dos cintos, por exemplo, ou é uma reconstituição criada no ateliê da figurinista? Qual a participação do ator nessa criação?

A. MNOUCHKINE Enorme. A criação dos atores é enorme, mas no que se chega é, obviamente, resultado do trabalho das duas figurinistas. Eles trabalham realmente juntos. Todos os pequenos elementos que compõem o figurino – porque os figurinos são, ao mesmo tempo, semelhantes e diferentes –, quer dizer, os cintos, os aventais, são os atores que os fazem. Eles elaboram o figurino. Há influências, é claro. Eu tinha pedido justamente que não houvesse nada de grego, porque não sabemos como era na Grécia antiga e eu não queria ficar limitada a uns lençóis jogados sobre o corpo. Então, existem influências que são turcas, persas, indianas..., mas não gregas.

DOMINIQUE DUPIRE Tenho uma pergunta muito técnica: vocês utilizam tecidos sintéticos ou apenas materiais naturais?

A. MNOUCHKINE Muito raramente. Aqui, não há nada sintético. Nas montagens de Shakespeare, havia um pouquinho.

SERGE OUAKNINE (DEPARTAMENTO DE TEATRO DA UQAM) Há cerca de quinze anos, Ariane, você citou um poeta de quem gosto muito, Henri Michaux. Se me permite, vou citar algumas linhas para você. Michaux diz o seguinte em *Um bárbaro na Ásia*: "Somente os chineses sabem o que significa uma representação teatral. Os europeus, há muito tempo, não representam mais nada, os europeus apresentam tudo. Tudo está no palco, qualquer coisa, nada falta, nem mesmo a vista que se tem da janela. Os chineses, ao contrário, colocam aquilo que significará a planície, as árvores, a escada, à medida que se fizer necessário". Fiz essa introdução para fazer minha pergunta sobre a formação teatral. Todos os diretores de teatro interessantes do século XX, invariavelmente, passaram pela Ásia, pelo teatro asiático, Eisenstein, Meyerhold, Brecht, Artaud, Claudel, Grotowski, Barba, Brook e você. Todos. O que significa que só há uma formação teatral séria na Ásia, e que os ocidentais não sabem o que é teatro, ao menos do ponto de vista da formação do ator.

Então, minha primeira pergunta é a seguinte: a partir do momento em que você integra as técnicas orientais na formação de atores, como o kathakali, as técnicas do teatro chinês, da Ópera de Pequim, do teatro nô, você é obrigada a quebrar a tradição ocidental – e particularmente na França, onde há uma tradição do texto –, a quebrar o sentido da *mimesis*, da direção, da representação. Podemos introduzir essas técnicas asiáticas nas instituições, nos teatros, sem quebrar os conservatórios, as escolas, as universidades?

Minha segunda pergunta é tanto para você quanto para seus colaboradores. Observei que os atores europeus e norte-americanos conseguem integrar bem essas técnicas gestuais, esse trabalho de corpo, mas não o trabalho vocal. Por quê?

QUAL TRADIÇÃO NÓS TEMOS PARA CONTRAPOR AO ORIENTE?

A. MNOUCHKINE Eu não teria a pretensão de dizer que, no Théâtre du Soleil, utilizamos as técnicas dos teatros orientais, simplesmente porque, no Oriente, os atores começam com 6 anos de idade e porque há um verdadeiro saber milenar que vai desde exercícios para o globo ocular até os dedos do pé, passando por massagens. Há tudo aquilo que não fazemos.

Não o fazemos porque não temos esse talento. Eu não tenho essa ciência. Prefiro ainda utilizar a palavra que vocês me sugerem, ou seja, "a estrada", "o caminho". Efetivamente, é uma estrada que tento seguir, que tentamos seguir, porque acho que a arte do ator é oriental. Você citou um texto de Michaux, mas poderíamos citar a frase de Artaud, que diz, diretamente: "O teatro é oriental".

Agora, será que podemos seguir esse caminho sem quebrar as

instituições? É porque as instituições resistem de modo tão forte a esse caminho que elas correm o risco de se quebrarem por si mesmas. Se essas instituições não fossem tão vaidosas (risos), tão aristocráticas – no sentido negativo do termo –, quer dizer, tão seguras de serem a nata, e se os estudantes também tivessem um pouco de humildade, talvez pudessem, de maneira muito produtiva, seguir esse caminho ou, pelo menos, conhecê-lo, saber que ele existe, saber que podem, eventualmente, utilizá-lo.

Mas é verdade que, na França, há uma resistência por parte de algumas escolas. Vocês todos se apresentaram citando tantos nomes de escolas que, para mim, isso já é maravilhoso. Na França, há poucas escolas – falo das escolas públicas –; há o Conservatório, a Escola Nacional de Estrasburgo, a Rue Blanche. Há também muitas escolas particulares, das quais se dizem coisas bem ruins, com exceção de algumas.

"Mas que tradição temos para contrapor ao Oriente?", vocês poderiam me perguntar. O Ocidente tem a dramaturgia, é verdade. Os teatros orientais têm muito pouco de grandes textos. Há o Ramayana e, no Japão, o Chikamatsu... A arte teatral asiática é a arte do ator, do dançarino, do cantor. Porém, nós, desde os gregos, temos um grande número de excelentes coisas escritas. Portanto, temos a tradição da escrita, mas essa tradição não se contrapõe à outra. Bom... sim... acho que existe uma resistência etnocêntrica na França.

Um jovem ator do Théâtre du Soleil me contou que, um dia, um amigo dele, que não gostava dos nossos espetáculos, disse-lhe: "O que quero ver é uma tragédia greco-francesa". (Risos.) Ele não está errado. Isso diz tudo. Isso diz tudo o que tem para ser dito. Ele queria uma tragédia grega, mas francesa. Para ele, é como se fôssemos um pouco gringos.

Quanto à questão sobre a voz, assim como sobre o corpo, não vou falar de técnicas, falarei de trabalho. É um caminho imaginário. O que fizemos a partir do kabuki, do nô ou do kathakali para as montagens de Shakespeare é um trabalho, mas um trabalho também imaginário. Percebemos que as leis essenciais são as mesmas entre todos esses teatros. E notamos que um ator usando uma máscara de *commedia dell'arte* pode encontrar-se com um ator balinês de topeng e que eles podem atuar no mesmo palco sem falar uma palavra de uma língua em comum. Eles podem passar uma hora magnífica para eles e para o público, porque podem improvisar, porque as leis são as mesmas.

Vocalmente, acho que obtive menos resultados. Senti uma pequena crítica...

SERGE OUAKNINE Vou ser mais preciso. Vi quase todos os seus espetáculos desde 1967. Posso dizer que há no seu trabalho uma eloquência na construção cênica e um trabalho corporal admirável, realmente emocionante. Mas ainda não estou convencido com relação à densidade de utilização da voz, a não ser em certos momentos, em que há algo perturbador, em que as vozes não são nem de homem nem de mulher, em que elas não são nem graves nem agudas, em que são ambíguas. Gostaria, então, de saber se algum trabalho é feito nesse sentido, ou se é o milagre do instante que faz com que os intérpretes toquem em alguma coisa que os asiáticos conhecem bem e que os ocidentais não.

HÁ O "INSTANTE" E HÁ UM ENCONTRO

A. MNOUCHKINE **Prefiro responder a essa questão mais adiante. Talvez alguma coisa nos faça tocar no cerne da questão. Não é nem milagre – acho que sempre há um milagre, é claro, mas ele acontece depois de muito trabalho – nem um trabalho técnico vocal, secreto, do qual teríamos a chave. Não, há o instante, há um encontro e tudo está ali. E acho que isso não pode, certamente, acontecer o tempo todo, durante todo o espetáculo. Acredito que não estamos à altura disso.**

RENÉE NOISEUX-GURIK (ALUNO DA ESCOLA LIONEL-GROULX) **Tenho duas perguntas. Uma está provavelmente na cabeça de muitos dos jovens que estão aqui. Quais são seus critérios de admissão? Quais são as possibilidades de ser admitido no Théâtre du Soleil? A outra questão esbarra em uma preocupação que os jovens produtores aqui presentes seguramente têm, mas que talvez não cheguem a formular. Como nasce o cenário no seu teatro? Quem decide os grandes problemas de espaço, a utilização dos objetos, toda a aparelhagem técnica? É um trabalho de grupo? No caso dos figurinos, compreende-se muito bem que tudo isso pode estar bem amarrado, mas, no caso do cenário, é um pouco mais delicado e relativamente complexo.**

A. MNOUCHKINE **No caso do figurino, tudo começa realmente pelo trabalho dos atores. A entrada de Nathalie e de Marie-Hélène[4] faz-se de modo quase dissimulado. Isso quer dizer que no começo são os atores que vão, que fuçam, que procuram, que inventam, que fazem muitas coisas. A integração entre as duas figurinistas e os atores se dá gradativamente.**

Em relação ao cenário, se isso acontece de maneira diferente? Normalmente, há sempre uma proposta que desenhamos no chão. Começamos sempre na sala de ensaio vazia, sempre. E, com Guy-Claude François[5], permitimo-nos tudo aquilo que quisermos no papel: pias, cascatas... tudo o que quisermos. Depois, à medida que evoluem os ensaios, digo a Guy-Claude: "Sabe, não necessitamos mais disso aqui, porque os atores estão representando, e, já que eles representam isso, não precisamos mais".

Com *Les Atrides* foi um pouquinho diferente. Começamos com o palco vazio e, com relação a Guy-Claude, resolvemos esperar um pouco. Depois de dois meses e meio de ensaios, senti que o coro, que estava tão embrionário, começava a precisar

---

4 Nathalie Thomas e Marie-Hélène Bouvet são responsáveis pelos figurinos no Théâtre du Soleil.

5 Guy-Claude François é o cenarista e cenógrafo do Théâtre du Soleil desde *L'âge d'or* (1975).

de alguma coisa, mas eu ainda não sabia o quê. Num dado momento, os atores do coro estavam de lado e pensei: "Sim, agora eles precisam é de uma separação; eles precisam ficar separados". Então, pusemos tapumes na sala de ensaio.

Senti que o coro não podia avançar mais. O espaço tinha de ser delimitado. Mas durante dois meses, dois meses e meio, o tapete vazio foi suficiente para o nosso trabalho. Depois, repentinamente, houve essa necessidade de outro local, de outro espaço. É assim que a coisa se dá.

RENÉE NOISEUX-GURIK Gostaria de ajustar minha pergunta. Se, na elaboração de determinado trabalho, você chegasse a uma situação em que sentisse que seus conhecimentos técnicos ou visuais estão um pouco limitados, você chamaria pessoas de fora? Você traria cenógrafos?

A. MNOUCHKINE Mas Guy-Claude François é um grande cenógrafo! Ele trabalha conosco desde o começo ou quase. Ele é o cenarista-cenógrafo do Théâtre du Soleil desde *L'âge d'or*. Até antes disso, ele era o diretor técnico. Ele não atua no espetáculo.

RENÉE NOISEUX-GURIK Eu estava mal informada, pois haviam me dito que todos os atores sempre participam da elaboração completa de um espetáculo.

A. MNOUCHKINE Do cenário, não. Eles participam segundo suas necessidades. Algumas vezes até constroem algo. Não mais que isso! Para *Les Atrides*, eles estavam tão sobrecarregados de trabalho que não participaram muito do cenário. Acho que, quanto maior (e indispensável) for a participação dos atores nos figurinos, menor será sua participação no espaço onde atuarão.

Quando estão em cena, me preocupo com uma coisa: será que estão bem no espaço, ou estão mal? Então, eles podem sinalizar que lhes está faltando alguma coisa, às vezes num lugar específico.

RENÉE NOISEUX-GURIK Então, essa elaboração acontece um pouco como Brecht fazia com seus colaboradores à época, uma gestão muito lenta em que tudo está realmente integrado.

A. MNOUCHKINE Sim, mas é longo. Bem longo.

QUERER ESCALAR A MONTANHA

RENÉE NOISEUX-GURIK Minha primeira pergunta era: o que é preciso ter para ser admitido no Théâtre du Soleil? Quais são os critérios de seleção?

A. MNOUCHKINE Os critérios de seleção? Tenho muita dificuldade em responder a essa pergunta, porque há critérios, mas nem eu os conheço direito. Não sei bem o que me leva a dizer para alguns: "Bom, ok, vamos tentar" e "Bom, não, não agora, um outro dia". Talvez a emoção, acho. Há olhares que me tocam e outros que me tocam menos. Há olhares que me dão esperança. Talvez ainda não sejam grandes atores, mas há esperança. Talvez eu também tenha a impressão de que eles querem, de verdade, escalar uma montanha. Se alguém tiver realmente vontade de subir a montanha, ainda que, visivelmente, não tenha os meios, isso já é muito bonito.

Não posso ir além disso, para lhe fornecer os critérios. Muito sinceramente, não estou fugindo da pergunta, mas isso se dá quase que fisicamente. Há uma relação física. Há alguma coisa que vem da sensualidade, da confiança, da convicção, da percepção poética. Depois, algumas vezes, isso se perde. Algo que havia surgido como tocante, charmoso, de repente some. Penso: "Puxa vida! Talvez eu tenha me enganado...". E não posso. Isso acontece ou não acontece. Não sei dizer por quê. Mas, de qualquer forma, não é nem o currículo, como se diz, nem os prêmios que a pessoa apresenta que determinam minha escolha. Fazemos também estágios, e é verdade que alguns encontros acontecem ali. Mas não posso assegurar que diria "sim" a alguém que tivesse feito necessariamente algo maravilhoso em um estágio. Há pessoas que entraram no Théâtre du Soleil que nada fizeram de extraordinário no estágio.

SERGE DENONCOURT (ALUNO DA ESCOLA LIONEL-GROULX) Eu tento compreender quem tem direito a que no seu teatro. Por exemplo, uma pergunta realmente boba: você tem preconceito contra um eventual melhor aluno do Conservatório de Paris que gostaria de trabalhar com você? (Risos.)

A. MNOUCHKINE Quando alguém me pede para trabalhar conosco, já é algo favorável. Acho isso sempre lisonjeiro, ainda que essa pessoa nunca tenha feito teatro. Quanto ao eventual melhor aluno do Conservatório de Paris, vou ser bem sincera: nunca houve um melhor aluno do Conservatório que tenha vindo me pedir para trabalhar comigo. (Risos.)

Eu falava há pouco sobre a vaidade dos atores, dos estudantes de teatro de certas instituições. Um dia, tive até um caso extraordinário de um aluno da Escola de Estrasburgo que veio nos ver e que (uma coisa espantosa!) pediu para trabalhar conosco. Então, eu disse: "Olha, vou oferecer um estágio dentro de um mês, venha trabalhar um pouco conosco nesse estágio". Esse aluno me respondeu uma coisa fantástica: "Mas eu já terminei a escola!" (Risos.) Ele terminou a escola, logo, ele sabe tudo! Então, não há estágio a ser feito! Que papel, Ariane, a senhora vai me dar? Nenhum, meu amigo. Eis a questão. Portanto, não faço nenhum prejulgamento desfavorável de ninguém.

JEAN-STÉPHANE ROY (ALUNO DA ESCOLA LIONEL-GROULX) Gostaria de saber qual é a formação que você dá no Théâtre du Soleil. O que você enfatiza? Quando alguém chega e diz: "Senhora Ariane, vi seus espetáculos, adoro seu trabalho, quero trabalhar com você. Não quero 'ter um papel', quero trabalhar. Então, o que você faz? Você diz: "Vou fazer um estágio no mês que vem, venha"?

A. MNOUCHKINE Não, não digo "vou fazer um estágio no mês que vem". Digo: "Escreva ao Théâtre du Soleil e diga que você gostaria de ter informações sobre as datas dos estágios". Pode ser que você espere três meses, seis meses... Quando chega o momento, avisamos todo mundo; depois temos as entrevistas.

Fazemos entrevistas porque há, em média, de setecentos a oitocentos candidatos. Não posso aceitar todo mundo. Mas vejo as setecentas ou oitocentas pessoas, seleciono cem para o estágio, algumas vezes mais. E fazemos exclusivamente trabalhos com máscara.

EU NOS VEJO COMO DINOSSAUROS REMANDO CONTRA A MARÉ

MARTINE BEAULNE (DIRETORA DE TEATRO E ATRIZ) Gostaria de perguntar aos atores por que eles quiseram trabalhar no Théâtre du Soleil. E, agora que estão aí, com toda a experiência adquirida, todo o trabalho de pesquisa que fizeram, quais são seus questionamentos sobre o ofício do ator? O que ainda querem aprender juntos? Quais dimensões estão dispostos a explorar?

A. MNOUCHKINE Perguntamo-nos isso o tempo todo. No entanto, há períodos mais propícios para o questionamento. Depois de apresentar os espetáculos por um tempo, quando sabemos que a temporada está se encerrando, chega o momento em que é preciso propor outra coisa. Também sabemos que é o momento em que alguns vão chegar e outros vão partir. Toda essa mutação acontece sempre no fim de uma montagem. Há, então, um momento de muitos questionamentos. Nem sempre é agradável. Podemos nos perguntar se ainda há forças para avançar. Essas perguntas, talvez, sejam narcísicas, mas é preciso, de qualquer modo, fazê-las.

Eu me pergunto, por exemplo, por quanto tempo um grupo como o Théâtre du Soleil pode resistir a uma situação que é completamente contra a corrente, e não estou falando das condições materiais. Algumas vezes, eu nos vejo como dinossauros remando contra a maré de uma certa evolução social. Acho que isso se tornará cada vez mais difícil. Eu me pergunto quais são os meios de que dispomos. Faço essas perguntas. Mas há outras que nem quero mencionar, porque são íntimas demais ou muito angustiantes, ou revelam o nível normal de neurose que há entre atores e diretores. E ainda há outras questões que devem ser parecidas com as que se fazem alguns professores entre vocês, alguns autores, alguns escritores e alguns atores, jovens ou não, que têm necessidade da elevação e para quem é como se estivessem no pântano, e se perguntassem por onde começar a escalar.

MARIO LEJEUNE (ALUNO DA ESCOLA SAINT-HYACINTHE) Gostaria de que você falasse da formação do ator. Gostaria de saber como são seus estágios e de que modo ajudam na formação do ator.

A. MNOUCHKINE Não, olha, não vim aqui para falar sobre os estágios. Falamos desses estágios porque todos me perguntam o que é preciso fazer para participar deles. Então, dou o endereço. Há os estágios. Acho que um diretor de teatro deve isso aos atores. É isso. Então, um dia concluímos: "Bem, depois de tudo, agora temos um instrumento de trabalho". Há tantos atores jovens que não têm isso, então, quando podemos, damos um estágio gratuito de quinze dias, nove ou oito horas por dia, e os jovens atores podem vir trabalhar.

O que aprendem? Aprendem aquilo que são capazes de aprender.

Além do mais, Josette Féral escreveu um artigo em que descreve um estágio de A a Z. Ela assistiu a um dos nossos estágios e fez uma descrição muito minuciosa. Basta lê-lo[6].

CATHERINE GRAHAM (UNIVERSIDADE MCGILL) Minha pergunta trata do etnocentrismo. Assisto a seus espetáculos e leio o programa. Vejo os nomes e vejo você. Noto que vocês vêm de várias culturas diferentes. Eu me pergunto o que acontece no momento da montagem de um espetáculo. Tenho a impressão de que vocês devem chegar com diferentes tradições teatrais, com várias tradições culturais. Em Les Atrides, tive a impressão de ver muitas tradições diferentes. O que vou perguntar, no fundo, é muito simples. Como é que vocês trabalham juntos? Isso só acontece nos ensaios? Vocês às vezes fazem workshops para compartilhar experiências? Talvez a questão seja mais para os atores e as atrizes; gostaria de saber como vocês reagem a este trabalho que me parece intercultural.

No fundo, os atores do Soleil têm diferentes formações? E o que você faz para compartilhar a bagagem de cada um? Vocês fazem workshops? Ou isso se dá pela mera observação uns dos outros?

SIMON ABKARIAN No grupo, só a Niru vem de um país que tem uma tradição teatral. Ela vem da Índia, fez bharatanatyan. Porém, há diferentes horizontes culturais. Duccio é da Itália. Brontis, do México, seu pai é judeu. Meu pai é armênio. Juliana é brasileira. São culturas que se encontram. No Théâtre du Soleil, há coisas que surgem, que não sabíamos que existiam, e que contamos uns para os outros. Os workshops se dão à mesa, ao fim de um ensaio, quando estamos brincando, e a gente, ainda, se fala determinada língua, responde em outra...

No palco também acontecem coisas. Por exemplo, Niru faz alguma coisa, depois é o Duccio quem vai fazer e isso será algo dele, mesmo que tenha vindo de Niru. Então, sim, há trocas, mas não dizemos: "Vamos lá, das cinco às seis da tarde vamos fazer intercâmbio cultural". (Risos.) Por exemplo, de manhã, quando tomamos café, às nove horas, de repente, Niru vem tomar seu café da manhã. Eu falo muito da Niru porque nesse momento ela diz: "Olha, hoje vou comer arroz como a gente faz de manhã no meu país".

---

6   "Um estágio no Soleil: uma extraordinária lição de teatro", em Les Cahiers du Théâtre JEU, n. 52, Québec, set. de 1989, pp. 15-22. Aqui retomado no capítulo "Um estágio no Soleil: uma extraordinária lição de teatro".

TROCAR É QUERER RECEBER

A. MNOUCHKINE É verdade o que o Simon diz... aí a Niru fala: "Ah, não tem arroz!". Bom, mas, então, logo em seguida, eu também fico com vontade de comer arroz. É assim que as coisas acontecem. Isso vem da permeabilidade, das trocas. Mas, no fundo, essas trocas são um querer receber, um receber. Se tivermos um grande casaco bem fechado, bem francês, não haverá troca, mesmo se houvesse dez *workshops* por semana! Há uma maneira de ser, de se integrar com o outro... Há uma maneira de escutar brasileiros e portugueses de uma vez. Há, é claro, um amor por isso. Isso vem do amor pela relação. Não é trabalho. É o que o Simon dizia. Não é trabalho, é vida. É por isso que é difícil de responder.

SIMON ABKARIAN Algumas vezes alguém me diz: "Que escola você fez? O que é que você faz no Théâtre du Soleil?". Um dia, um jornalista que tinha vindo ver o espetáculo me perguntou: "O que você fez antes de fazer teatro?". Fiquei surpreso, porque eu acabara de sair da apresentação. Respondi: "Eu vivi". Não disse isso para dar uma resposta impactante, porque isso me veio naturalmente. Acho que o que temos em comum no Théâtre du Soleil é que todas as pessoas viveram. E essa vivência, nós a compartilhamos. Acho que as coisas do mundo que são belas se assemelham. Então, dizemos: "Olha, no meu país a gente diz 'flor' assim, no meu país, assado, no meu país a gente come assim, com uma mão". A gente fala de comida, de amor, de um monte de coisas.

JULIANA CARNEIRO DA CUNHA Ariane disse que nós levamos nossa infância conosco. Como trabalhamos muito com a infância, é a infância de vários países que temos. Isso é muito vivificante.

BRONTIS JODOROWSKY Também acho que temos muita vontade de viajar. Há espetáculos que nos fazem viajar a certos lugares, outros, a viajar ainda mais. Acho isso muito prazeroso.

ESTUDANTE NÃO IDENTIFICADO Gostaria de fazer uma pergunta sobre sua escolha. Como você escolhe uma peça, como você trabalha? Como você distribui os papéis? Você vê um determinado ator num papel específico ou você tende a deixar que o próprio ator diga: "Estou mais interessado nesta personagem; parece-me que vou me sentir melhor com ele (ou com ela) na montagem".

A. MNOUCHKINE Nunca faço a distribuição antes. Nunca, nunca. Mas também não é o ator quem diz: "Eu fico com este papel". Assim não funcionaria. Então, o processo dura muito tempo, realmente muitíssimo tempo. Todos os atores experimentam todos os papéis e durante muito tempo. Para ser franca, o programa com a distribuição nunca está pronto no dia da estreia, de modo que a distribuição definitiva, realmente definitiva, é tardia. Portanto, todo mundo experimenta todos os papéis.

Mas há também evidências. Há evidências que aparecem, algumas vezes, de maneira fulgurante, imediatamente. Outras são mais demoradas, muito mais demoradas. Às vezes é cruel, porque pode haver, por um momento, uma hesitação entre dois atores ou duas atrizes, mas nunca faço distribuição.

Não posso também negar que não diga: "Olha, é provavelmente fulano quem vai fazer tal papel". Acontece de eu me enganar. Às vezes, tenho belas surpresas, surpresas formidáveis. Também tenho desilusões muito difíceis de aceitar. Em todo caso, não distribuo os papéis, mas também não são os atores que chegam e dizem: "Vou fazer tal papel". Todos dizem: "Gostaria de experimentar este aqui". E eles experimentam todos.

NUM DETERMINADO MOMENTO, A PEÇA DIZ: "BOM, AGORA SOU EU A PROVA"

Sua primeira questão era sobre a obra. Como escolhemos nossas peças? Acho que já falei disso há pouco. Há um tipo de amor à primeira vista que se dá num determinado momento. Há um momento de exploração de um espetáculo no qual não se sabe o que vamos fazer depois. Há um momento nebuloso que é muito angustiante, mas, ao mesmo tempo, relativamente agradável, pois sabemos que, durante esse período, há alguma coisa que não se conhece e que está amadurecendo.

Depois alguma coisa se impõe, alguma coisa que nos escolhe. Não estou certa de que sejamos nós que escolhemos tal peça. Acho que, num determinado momento, é uma peça que diz: "Bom, agora sou eu a prova".

SERGE DENONCOURT Há uma hierarquia dentro do grupo? Tenho a impressão de que, no espetáculo, há atores que têm direito a certas falas e a certos papéis e outros não. Tenho a impressão de que, na formação no Soleil, há uma espécie de etapa a vencer, o que faz com que possamos estar no palco, mas não falar. Todos são elegíveis – a palavra não é boa – para fazer o papel de Orestes? Todos estão no páreo ou é preciso anos de formação?

A. MNOUCHKINE Não! Sinceramente, não! Todos são elegíveis. Mas nem todos são eleitos. E, quando você diz que há etapas a serem vencidas, está muito certo. Há etapas a serem vencidas. Não podemos pretender que todos sejam iguais, estejam no mesmo nível. Isso não é verdade. Justamente porque há essa ideia de uma possibilidade de formação. Acho que se aprende muito carregando um banquinho. Isso não quer dizer que todo mundo, todos aqueles que carregaram banquinhos se tornaram Corifeu. (Risos.) Digamos que não seja uma questão de direito. O direito se adquire. Se Simon faz o papel de Orestes, ou se Niru faz o de Ifigênia ou Electra, se Juliana, o de Clitemnestra, então, sim, eles têm direito a isso porque o fazem. Mas seus direitos não foram previstos antecipadamente, já que todo mundo pôde tentar de tudo.

NADA DEVE ESTAR À FRENTE DA BELEZA DA OBRA E DO RESPEITO PELO PÚBLICO

SERGE DENONCOURT O que me levou a fazer essa pergunta é que, Simon, por exemplo, faz o papel de Orestes, Aquiles e da ama de leite. E eu me pergunto se não haveria muitos atores no seu espetáculo que morrem de vontade de interpretar a ama de leite...

A. MNOUCHKINE Particularmente com relação à ama de leite, eu digo que, num dado momento, mesmo Simon morria de vontade que outro fizesse esse papel. (Risos.) Eu também, confesso!

Acontece que foi uma mudança extremamente rápida. Fomos inclusive obrigados a recorrer a uma pequena astúcia, aumentamos alguns versos do coro para que Simon tivesse tempo para se trocar. Ficaríamos muito, mas muito contentes mesmo se outro ator conseguisse fazer a ama de leite. Vocês falavam de veto agora há pouco. É num momento como esse, obviamente, que me torno muito impopular. Acontece que, num determinado momento, entre Simon e outra pessoa que não consegue realizar a mesma coisa, escolho a solução mais difícil, mas a mais bonita. Acho, aliás, que todo mundo me detestou um pouquinho, inclusive o Simon, porque ele queria descansar naquele momento. Mas há aquilo que se chama respeito a Ésquilo e ao público. E nada deve estar à frente da beleza da obra e do respeito pelo público, nem mesmo as pequenas democracias internas de um grupo. Se alguém tivesse feito bem a ama de leite, isso teria azeitado as engrenagens e evitado muitos aborrecimentos para mim. Mas não! O que eu posso fazer? Não! Será o melhor ator que vai fazê-lo.

Vocês conhecem a frase de Brecht: "A terra pertence àquele que a torna melhor, as coisas aos que as tornam melhores". Então, é isso. Os papéis pertencem àqueles que os tornam melhores. Mas não antes. É isso! Nada é decidido anteriormente.

O que não é justo, para mim, é quando os papéis são efetivamente distribuídos desde o primeiro ensaio. Porque isso resulta num sistema. E este não é o caso do Théâtre du Soleil. O reverso da medalha é quando, de repente, após um período de encanto, um período em que um ator descobria tudo num espetáculo, passa a descobrir menos. Eu aceito. Normalmente um ator tem mais dificuldade em aceitá-lo.

ALINE OUELLET (DEPARTAMENTO DE TEATRO DA UQAM) Gostaria de voltar à questão da escolha dos atores. Você respondeu há pouco que sua decisão depende de vários fatores. Estava pensando que você me parece bastante intuitiva, mas que, na verdade, você certamente sabe quais são os critérios nos quais se baseia para escolher as pessoas. Se você nos desse alguns exemplos das razões que a levaram a escolher cinco ou seis de seus atores? Todos entendemos que é preciso ser forte, moral e fisicamente, para acompanhar você e que é preciso ser humilde. Mas e o resto?

O QUE ME DESANIMA É O DESENCANTAMENTO, A INDIFERENÇA, O CINISMO... PRECISO DE UMA CERTA RELIGIOSIDADE, DE UMA RELAÇÃO COM O SAGRADO

A. MNOUCHKINE Mas você acha que estou escondendo alguma coisa? (Risos.) Eu me lembro da Catherine... No começo ela era um tanto quanto impenetrável, quer dizer, era uma mulher jovem com um pequeno coque de lado, que se movimentava muito bem, que era bem atlética, que ajudava muito os outros a se vestirem. No estágio que ela fez, era muito dinâmica, muito alegre. Não fez nada mirabolante. Fez uma bela improvisação, mas, fora isso, nada de excepcional. Eu sabia, aliás, que ela havia passado dois anos na Índia, em Kalamandala. É preciso ser corajoso para passar dois anos no sul da Índia, numa cidade sem energia elétrica. Tudo isso para estudar o *kathakali* sem ao menos fazer um pouco de turismo. Depois, ela pediu para entrar na companhia e rapidamente ficou claro que Catherine era alguém que fazia bem o que tinha de fazer. Quero dizer que seu trabalho era bem-acabado, minucioso. Havia um rigor, mesmo nas coisas mais modestas que ela fazia – ela carregava banquinhos, ela atuava no grupo de servidores de Sihanouk –, havia uma meticulosidade, uma delicadeza! Ela havia encontrado a delicadeza dos servidores da corte da época e fazia isso com um entusiasmo, um apetite, um prazer... Foram essas as primeiras coisas dela que me tocaram. Porém, ela não possuía de jeito nenhum a força da fala no palco.

Seria mais fácil falar do que me desanima. O que mais me desanima, de cara, é o desencantamento, a indiferença, o cinismo, aquele que não está nem aí. (Risos.) Ah, isso não! É como me jogar um balde de água fria.

Busco uma vibração, uma crença, uma paixão, uma necessidade! Preciso de uma certa religiosidade, de uma relação com o sagrado. É isso! Se alguém fizesse os gestos, os pequenos gestos ritualísticos que são os nossos, sem nisso colocar efetivamente alguma importância, isso estragaria muito o prazer do sagrado, do teatro, do ritual, da poesia da vida cotidiana. E, se isso acontece, aí não me inspiro mais, não me inspiraria. Talvez eu precise de infância também. Será que respondi satisfatoriamente à sua pergunta?

ALINE OUELLET Sim, porque você apresentou uma dimensão que não havia sido identificada e que se vê no palco. Toda a anima está aí. É bom que você tenha identificado isso, porque é preciso ir ao encontro de uma dimensão que é diferente daquela que se vê.

Tenho uma segunda pergunta. Identifica-se sempre Ariane Mnouchkine com o Théâtre du Soleil, mas já existe alguma coisa que se tenha disseminado em outro lugar? Há atores que trabalharam com você e que fizeram coisas fora? Há pequenos dinossauros bebês em algum lugar? Ou o Théâtre du Soleil é apenas Ariane Mnouchkine?

A. MNOUCHKINE Há pessoas que saíram do Théâtre du Soleil para se espalhar, para formar grupos. E o fizeram mais ou menos com algum sucesso ou felicidade. Há Jean-Claude Penchenat, que fundou o Théâtre du Campagnol; há Jean-Pierre Tailhade, que montou espetáculos solo, Philippe Caubère também. Então, sim, acho que há atores que passaram pelo Soleil e que fizeram coisas fora. É normal, uma vez que se trata de um fenômeno quase familiar o fato de a saída de alguns acabar sendo até mesmo uma forma de reação. Há, porém, uma contradição. Os que se espalham não podem, portanto, tornar-se totalmente clones do Soleil. Eles não o fazem por partenogênese, mas realizam necessariamente coisas que são marcadas pelo Théâtre du Soleil, pois dele participaram durante muito tempo. Portanto, entram em crise, e reivindicando o diferente.

MARIE OUELLETTE (DEPARTAMENTO DE TEATRO DA UQAM) Minha paixão pelo Théâtre du Soleil vem da palavra mágica "trupe". No Québec não existem trupes. Há companhias teatrais, mas não trupes no sentido forte do termo. Gostaria que você falasse dessa coisa que é uma trupe, do que faz isso durar há tanto tempo, da atividade de atriz e de ator dentro da trupe, dessa esfera que a trupe cria.

E, ainda, o que você acha de atores optarem pelo setor comercial? O que você acha dessa necessidade de ganhar a vida que leva o ator a trabalhar na televisão e a fazer comerciais?

SEMPRE HAVERÁ O SONHO

A. MNOUCHKINE Parece evidente que uma trupe como o Théâtre du Soleil tenha começado com um sonho. E ela continua porque é sempre um sonho. Isso não quer dizer que seja o mesmo sonho para todos ou que seja idílico o tempo todo. Algumas vezes, é extremamente cruel. Agora, estou falando por mim. Não tenho a menor ideia de quanto tempo durará o Théâtre du Soleil. Mas sei que, para mim, fazer teatro fora de um grupo que compartilhe uma busca em comum é absolutamente inconcebível. Não faria teatro de outro modo. Porque acho que é a única maneira de aprender e a que me dá vontade de aprender.

Gostaria de escalar bem a montanha. E escalar a montanha não é simplesmente escalar a montanha de cada obra, é chegar a escalar a montanha do teatro, de sua vida. Há, então, o fato de que isso é um sonho e que esse sonho é um desafio, uma prova.

Com relação à sua segunda pergunta, sobre o que acho dos atores que fazem comerciais, não tenho o direito de responder a isso. É claro, tenho uma opinião, mas não para expressar o que acho publicamente, porque justamente não conheço as necessidades do outro. O que posso

CENA DE *LES ATRIDES*.

"OS PAPÉIS PERTENCEM ÀQUELES QUE OS TORNAM MELHORES."
p. 86

lhe dizer é que mudaria de atividade se acontecesse de ser obrigada a abandonar minhas exigências. Faria outra coisa, obviamente. Não poderia fazer aquilo que não acredito ser teatro. Não estou aqui para julgar aqueles cuja vontade de fazer teatro os conduza finalmente a fazer alguma coisa que não seja teatro.
E depois, com tudo isso, misturam-se outras coisas, necessidade de dinheiro, enfim, de um pouco de dinheiro, desejos de independência, algumas vezes também a vontade de assumir o comando de um grupo.

Há diversas respostas para a arte do teatro. O mínimo que se pode dizer é que o mundo em torno de nós não favorece a trupe. Eu me pergunto quanto tempo esse estado de coisas vai durar, se é uma época, apenas um período ou, ao contrário, uma era. Tem-se hoje o individualismo como valor. Isso pode trazer sérias consequências. Mas acho que, entre os jovens, homens e mulheres que queiram fazer teatro, sempre haverá um sonho, sempre haverá alguém que chegará com tudo e dirá: "Sim, mas é isso o que eu quero fazer". Então, vamos em frente! Não é possível que todo mundo fracasse. Haverá, sim, pessoas que formarão trupes e que aguentarão firmes.

Mas é verdade que neste momento, na França, não se animam os jovens e os enganam. É um pouco como Pinóquio. Levam-nos aos parques de diversão.

DANIELLE CODOGLIANI (CONSERVATÓRIO DE ARTE DRAMÁTICA DE MONTREAL)
Gostaria de saber como é um dia da trupe do Théâtre du Soleil. Como é o trabalho? Que lugar ocupa a interpretação? Gostaria também de saber o que acontece entre duas montagens. Há um intervalo ou vocês continuam a trabalhar? E, finalmente, por quanto tempo um ator permanece no Théâtre du Soleil?

A. MNOUCHKINE Para a sua primeira pergunta sobre como é um dia de trabalho... Olha, depende. Durante os ensaios, é um certo tipo de dia de trabalho; durante as apresentações, é outra coisa. Para os ensaios, é muito simples. Chegamos às dez para as nove. Tomamos café e, às nove horas, começamos. Quer dizer, fazemos o aquecimento. Este vai depender do espetáculo. Ou é simplesmente um aquecimento, ou um aquecimento e dança como para *Les Atrides*. Depois, decidimos quais são as cenas que serão trabalhadas naquele dia, quem experimentará o quê em qual cena. Às vezes tudo fora de ordem. Então, as equipes se formam de acordo com as diferentes distribuições propostas. Os atores vestem seus figurinos – não ousaria dizer que já estão com os figurinos definidos, porque ainda não estamos nessa etapa. Então, eles põem os figurinos, maquiam-se, parecem uns repolhos... e começamos a ensaiar.

No primeiro mês de ensaio, paramos normalmente às sete da noite. E, em pouco tempo, começamos a parar às oito, às nove, às dez. Aí jantamos. E depois recomeçamos.

Eu lhe falei do nosso modo de trabalhar com *Les Atrides*, mas em outros espetáculos os atores ajudam muito na construção do cenário ou em qualquer outra coisa. Em *Les Atrides*, a quantidade de trabalho era tamanha que não foi possível. Todo o tempo foi utilizado para os ensaios, tantas foram as dificuldades no começo. Trabalhávamos muitas vezes das nove à meia-noite. Para os quatro espetáculos, trabalhamos, no total, dez meses e meio. Fizemos os três primeiros em sete meses e meio. Nós os apresentamos por muito tempo, porque não podíamos mais parar, já que não tínhamos mais um tostão e era realmente preciso apresentar. (Risos.) Aí paramos em janeiro, depois de Lyon, por três meses para montar *As Eumênides*. É assim que as coisas acontecem quando ensaiamos.

Quando apresentamos, é um pouco diferente. Como o espetáculo em Paris começa às sete e meia, todo mundo chega para almoçar por volta de uma e meia, duas horas. Os que estão em serviço, como se diz – quer dizer, metade do grupo –, fazem a limpeza, preparam o bar…, os outros, que não estão em serviço naquela semana, chegam às quatro para começar às sete e meia. Eles se reúnem para o aquecimento. O público entra uma hora antes, quer dizer, às seis e meia, e os atores estão nos seus camarins por volta das cinco e meia, quinze para as seis.

MICHEL SAVARD (ALUNO DA ESCOLA SAINT-HYACINTHE) Alguém dizia há pouco que aqui, no Québec, não há trupes de teatro. Já terminei a escola. Sou ator há alguns anos. Se tiver vontade de montar uma trupe um dia, como fazer? Como isso nasce? Por onde começar?

A. MNOUCHKINE Só posso lhe dizer como o Soleil começou. Começou com um grupo de amigos. No caso, de volta da Inglaterra, eu havia fundado – quando comecei aquilo que acreditava ser meus estudos – uma trupe de amadores, estudantes, da Sorbonne. Foi ali que todos os fundadores do Soleil se encontraram, mas para fazer teatro amador. Tornou-se um grupo, um grupo de amigos, e decidimos que íamos fazer teatro juntos. Mas veio o serviço militar para alguns, os estudos para outros. Eu queria fazer uma grande viagem pela Ásia. Então, cada um foi fazer o que precisava fazer, e depois nos encontramos de novo e criamos o Théâtre du Soleil. Não sabíamos nada. Ninguém sabia nada. Ninguém, entre nós, havia sido ator. Todos só haviam feito teatro amador. Eu não tinha a mínima ideia do que pudesse ser direção. Era essa a situação!

Acho que é uma coisa que começa pelo amor, pela esperança. Começa pelo entusiasmo, pela audácia. Porque é preciso ser audacioso. E talvez também pela inconsciência, já que não sabíamos nada. Isso nos dá a humildade, da qual falávamos agora há pouco.

MICHEL SAVARD Mas sempre há uma questão financeira.

A. MNOUCHKINE Sim. Na época, levamos três anos para montar o grupo. Havíamos decidido que cada um contribuiria com novecentos francos, o que era muito. Depois trabalhávamos durante o dia e ensaiávamos à noite.

Hoje é dez vezes mais difícil montar uma companhia do que em 1964. Naquela época, não vou dizer que éramos incentivados a criar, mas havia, do lado do ministério, um certo olhar. Ele não dava dinheiro, mas havia dois senhores de aspecto um pouco sinistro que iam ver todos os espetáculos, eles se chamavam Lerminier e Deher. Tenho uma admiração enorme por esses dois senhores, porque eles iam à periferia ver qualquer coisa. Sempre que alguém montava um pequeno espetáculo, víamos chegar Lerminier e Deher com seus sobretudos, o ar sinistro, e eles vinham dizer alguma coisa.

Atualmente, quando os jovens começam, ninguém vai vê-los. Ninguém. Antes que consigam dizer: "Eu existo"... é preciso muito tempo e energia.

E depois havia gente como Vilar, como Paolo Grassi, do Piccolo Teatro de Milão. Havia gente que já tinha criado o suficiente para não temer ninguém. E que tinha vontade de que nascêssemos. E que nos apoiava, nos ajudava, nos regava, eu diria, para que crescêssemos bem, portanto, gente que nos animava. Fomos muito incentivados, ainda que tenhamos passado por dificuldades inomináveis.

Havia um sorriso. Sentíamos um olhar, uma escuta. Não sentíamos esse tipo de corporativismo pretensioso que predomina atualmente.

ESTUDANTE NÃO IDENTIFICADO Minha pergunta é para os atores. Gostaria de saber como, no processo criativo de vocês e por meio do espetáculo, vocês vivem a relação de trabalho, a relação com o diretor. Como o trabalho do diretor os ajuda? Como Ariane Mnouchkine participa do trabalho de vocês?

SIMON ABKARIAN Acho, em primeiro lugar, que há uma relação de confiança entre o ator e o diretor. Essa relação de confiança se dá logo de início. Há uma crença mútua. Nós corremos perigo no palco, podemos desabar em questão de segundos. Basta uma palavra ou um gesto brutal para que a gente se estilhace em mil pedaços. E o mesmo vale para o diretor. Temos a tendência a esquecê-lo. Trabalhamos na imaginação, assim como o diretor.

Tudo começa pelo ator e a gente se alimenta mutuamente. Há uma permeabilidade nisso. É preciso admitir também que não sabemos nada. Isso quer dizer que esquecemos tudo, mas não esquecemos que esquecemos. E mergulhamos.

Quando começamos os gregos, aliás, colocamos um figurino, como dizia Juliana, uma maquiagem, pusemos o texto na mão e demos a largada.

Há um instinto animal no ator e no diretor que se encontram. Cria-se uma cumplicidade. Há momentos em que basta um olhar para que a gente se compreenda. Isso acontece rapidamente, porque estamos em ação.

Nosso trabalho com Ariane é sempre pautado na ação e na confiança; portanto, no perigo, já que nos abrimos uns para os outros.

BRONTIS JODOROWSKY Para continuar no que falava Simon, vou dizer também que há uma exigência, há um olhar de Ariane que é um olhar de exigência. Ela vê um ator fazendo alguma coisa de muito bom um dia e, no dia seguinte, como uma criança, ela quer ver a continuação. Ela quer ver até onde isso vai. Então ela diz: "Ontem estava ótimo, e agora?". Será que podemos depurar? O que podemos fazer? Como melhorar a situação? Como podemos ser mais profundos? Como podemos desenhar melhor a imagem? Como podemos deixar a coisa mais clara? Há, portanto, uma relação de confiança e de cumplicidade, e uma relação de exigência que se estabelece. Isso quer dizer que, como para os atletas do salto com vara, Ariane sobe sempre um pouquinho mais a barra: "Você saltou seis metros. Bom! Vamos tentar seis metros e cinco centímetros".

TER A CORAGEM DE LEVAR AS INSTRUÇÕES AO PÉ DA LETRA

NIRUPAMA NITYANANDAN Gostaria de acrescentar uma coisa. Quando se trabalha com Ariane e ela nos dá uma instrução, é preciso ter a coragem de levá-la ao pé da letra, de fazer exatamente o que ela pede e não outra coisa. Isso quer dizer que, quando ela diz "O velho entra no palácio", ele entra, ele não faz outra coisa. É tão simples que às vezes se torna assustador. Muitas vezes, tem-se a impressão de que Ariane joga quando ela nos dá uma instrução. É como se todos os poros de nosso corpo estivessem abertos e atentos a ela e aos outros atores.

Por exemplo, quando comecei *Les Atrides*, eu sabia dançar, mas, como eu não dançava igual aos outros, eu não sabia dançar. Foi preciso tempo para que eu compreendesse isso, olhando Ariane, escutando o que ela me dizia, observando Simon, olhando Catherine. Portanto, é preciso saber estar completamente pronto para ser outra pessoa.

SIMON ABKARIAN Eu diria ainda em cima do que diz Niru que durante *Les Atrides* fomos postos à prova como raramente havíamos sido. Não só Ariane, mas nós também. Ariane nos dava indicações que não funcionavam. Ela dizia outra coisa, dita de outro modo, que significava o mesmo, e isso ainda não funcionava. Algumas vezes a dúvida se instalava.

Eu não percebia nada. Eu dizia: "Olha, Ariane, acho que eles não estão fazendo o que você pediu". Há sempre algum momento em que dizemos: "Espera! Ele não está fazendo o que a Ariane pediu". Geralmente, debatemos entre nós: "Ela falou para você fazer isso, por que não faz? Mas eu já fiz. Não, você não fez". Constatamos que, às vezes, há uma surdez, uma cegueira por parte dos atores. Por mais que alguém tenha feito piruetas geniais, ou formulado as coisas muito bem, se isso não se integrar naturalmente ao espetáculo, não funciona.

A. MNOUCHKINE Ainda vou acrescentar o seguinte: como diziam Niru e Simon, é absolutamente essencial que, em determinado momento, um ator assuma as instruções literalmente, porque é a única maneira de ver se elas funcionam ou não. Se uma indicação é ruim, nós a retiramos.

Há também um momento inverso, em que não dou nenhuma marca. Então, chego e digo: "Não sei". Isso é uma qualidade, mas, para os atores, essa incerteza às vezes é muito dura de suportar. É angustiante. E Deus sabe em *Les Atrides* quantas vezes isso aconteceu.

"PARECE EVIDENTE QUE UMA TRUPE COMO O THÉÂTRE DU SOLEIL TENHA COMEÇADO COM UM SONHO. E ELA CONTINUA PORQUE É SEMPRE UM SONHO."

p. 88

De modo que há duas situações possíveis. Ou uma instrução é dada, mas não é posta em prática não por má vontade, mas por incompetência ou às vezes por um simples deslize, e isso provoca dúvida. Ou o diretor não sabe. Ele tem esse direito. E aí também a dúvida se instala. Nesse momento, o que faz com que a máquina volte a funcionar? Evidentemente é um ator que diz a si mesmo: "Bom, já que não sabemos, vamos tentar isso aqui. Não! Isso não funciona? Vamos tentar outra coisa. Ah, olha!". Talvez ainda não seja o que se busca, mas isso faz com que se retome o teatro. Pode ser que a cena não seja finalmente apresentada desse modo, mas, depois de uma manhã inteira, de um dia inteiro, de uma semana de não teatro, de repente, o teatro volta. E isso traz coragem. Continuamos a busca com boas ferramentas. Paramos de querer cavar com peneira. Pegamos uma peneira e, então, peneiramos. E com a ferramenta certa funciona melhor.

TER CRENÇA

ESTUDANTE NÃO IDENTIFICADO Eu me perguntava quais problemas levaram vocês ao texto que montaram. Qual processo vocês utilizaram para fazer essa travessia?

A. MNOUCHKINE Houve vários problemas. Primeiro, houve o problema dos clichês; foi quando dissemos: "Ésquilo e Eurípides acabaram de escrever essa peça para nós". Isso é fácil de dizer quando há 10 mil, 100 mil livros sobre um texto, que está absolutamente submerso por comentários, pelos clichês, eventualmente por montagens. Tivemos sorte, não tínhamos visto nenhuma montagem, mas poderíamos tê-la visto. Mas era preciso resistir aos clichês.

O segundo problema, como sempre ocorre com os grandes textos, diz respeito à credulidade. Ficamos lá como bobos, dizendo para nós mesmos: "É um grande texto! O que isso quer dizer?". E estamos tão congestionados com "o que isso quer dizer?" que não vemos que aquilo quer dizer simplesmente o que está escrito. (Risos.) Há uma parte do texto que, no entanto, é compreensível. Bom, por um tempo, alguns entre nós insistimos em não compreender, sob pretexto de que era tão grande! Era tão intimidador que não se compreendia o que estava escrito. Depois, em certo momento, dissemos: "Mas, enfim, droga! É teatro, e foi apresentado diante de 20 mil pessoas, e não havia só eruditos, mas também escravos, analfabetos, pessoas que não falavam grego ou que compreendiam apenas uma parte. Então, deveríamos ao menos conseguir compreender uma parte". E aí, voltamos para o presente. Foi assim que a coisa começou!

Esse é o problema. Houve momentos idênticos nas montagens de Shakespeare. Queremos pôr um *plus*, sendo que já existe "demais" no próprio texto. E a gente quer dizer que há ainda mais. Está dito: "Entro na casa" e a gente diz: "O que isso quer dizer?". Isso apenas quer dizer que ele entrará na casa. É preciso admitir isso. Eis a questão. E, se o escravo não dissesse "estrangeiro", hein? Aquiles voltaria e estrangularia Agamêmnon. Mas, para ser mais correto, o escravo chega e diz "estrangeiro". E o que quer dizer "estrangeiro"? Quer dizer "estrangeiro". Ou seja, que Aquiles é um estrangeiro em relação ao escravo. Aí está. É isso que quer dizer. O problema é que queremos ser mais inteligentes que Ésquilo. E aí nos tornamos completamente idiotas. (Risos.)

ROBERT REID (DEPARTAMENTO DE TEATRO DA UQAM) Minha questão vai mais especificamente para Simon. Eu vi *Ifigênia*. Minha pergunta se refere à pantomima. Percebi na sua atuação um trabalho particular nas entradas e nas saídas, e um trabalho de pontuação próximo da pantomima depois de uma réplica. Gostaria de saber se você trabalha o corpo ou a pantomima nos ensaios ou nos *workshops*. Se sim, de que maneira você faz isso?

SIMON ABKARIAN As entradas e as saídas são fundamentais no teatro. Todo o trabalho começa com uma entrada. Se não houver entrada, não há teatro e não podemos apresentar a cena.

Trabalhamos também muito a máscara e, consequentemente, as pausas, já que uma ação se distingue de outra pelas pausas: uma pausa, uma outra pausa. Mas não se trata de modo algum de pantomima, não.

A. MNOUCHKINE Acho que há um mal-entendido. A maneira como você fez a pergunta já mostra que está um pouco distante do nosso trabalho. Simon quis dizer o seguinte: "Sim, há pausas. Mas na saída de Aquiles não há uma pausa, talvez haja cinquenta". Na dança não há movimento sem pausa. Então, a arte da máscara está baseada nas pausas. Se um grande ator mascarado dá um salto perigoso, teremos a impressão de que, durante esse salto perigoso, ele para dezoito vezes. Isso é a qualidade do movimento. Acho que Simon não chegou a responder à sua pergunta porque você lhe colocou o problema de maneira inversa à forma como ele ou os outros atores tentam trabalhar. Simon fala de precisão. Ele diz que, quando Agamêmnon ou Aquiles mostram alguma coisa, eles realmente vão naquela direção. Eles vão como uma flecha. E param. Se não pararem, não haverá movimento. Você fala de um acabamento da ação, de terminá-la em pantomima ou em estátua. Isso não tem nada a ver.

É importante que a resposta de Simon e a minha estejam bem claras. Muito frequentemente, nos estágios com os jovens atores, há sempre um momento em que digo: "Pare! Não! Pare!". Aí o ator reage "Bom, parei!". Então, eu digo: "Não! Não! Pare realmente". E, em geral, isso pode acontecer dez minutos antes de ele estar realmente imóvel.

Isso me choca sempre. No teatro os atores não param nunca. Estão sempre agitados e, então, tudo está permanentemente misturado. Não há desenho da ação.

ROBERT REID Quando Aquiles sai, quando Simon sai, ele ainda está em movimento na sua pausa? O corpo parou na máscara, mas o ator ainda está em movimento?

SIMON ABKARIAN Sim, porque ele vai a algum lugar. Sabemos que este momento é o fim de Aquiles. É sua última saída. Não o veremos mais na peça. O que tento fazer é imaginar aonde vai Aquiles até o último momento, mesmo quando desaparece nos camarins. Na verdade, sua viagem continua, ainda não acabou.

NANCY MCCREADY (ATRIZ) Minha pergunta é sobre a atuação com máscara. Quando você faz uma produção em que o espetáculo é representado com máscaras, como você trabalha com a pessoa que confecciona as máscaras, com o escultor das máscaras? Em que momento você diz: "Agora, sim, está pronta"?

A. MNOUCHKINE Algumas vezes há máscaras que esperam para entrar em cena. A maneira como você fez a pergunta também não corresponde ao nosso processo. Primeiro porque trabalhamos com alguém que se chama Erhard Stiefel, que é um artista de máscaras que é também escultor. É um grande escultor. É alguém que tem uma relação com as máscaras, que tem o dom de fazer máscaras extraordinárias. Na verdade, seu trabalho não se passa como você diz. Ele não tenta calcar a máscara num rosto e dar-lhe uma psicologia. Muito pelo contrário.

Na verdade, ele faz máscaras. É claro, ele as cria baseado no espetáculo, mas não sabe, quando começa a esculpir seu bloco de madeira, o que surgirá. É seu território. Sua alma. E aí uma máscara aparece. Ele a traz. E, neste momento, a questão é saber se essa máscara encontrará uma das personagens ou um dos atores (ou uma das atrizes) do espetáculo.

Tomara que isso aconteça! Mas, normalmente, há máscaras menos fortes do que outras; é exatamente assim que acontece no nosso trabalho. Algumas vezes há máscaras que ficam para trás, que ainda aguardam para entrar em cena.

NANCY MCCREADY Você guarda todas as máscaras? Elas ficam lá? Acontece de a máscara mudar? Ou de Erhard Stiefel refazer algumas máscaras até a noite da estreia?

A. MNOUCHKINE Sim, mas ele não modela uma máscara assim. Uma máscara não é modelável. É dura. Então, de uma certa maneira, ela não pode ser corrigida. A máscara sai ou não sai. Além do quê, há todo o trabalho de pintura. Quero dizer com isso que não é como se Erhard trabalhasse com a máscara me dizendo: "Finalmente, olha! Vi uma improvisação. Seria bom se ela tivesse um nariz aquilino". Não! Não é assim que a coisa acontece. Uma máscara tem uma existência ou então não é boa. Cabe ao ator dobrar-se à máscara e não a máscara dobrar-se a ele.

ROBERT DION (DEPARTAMENTO DE TEATRO DA UQAM) Eu me interesso pessoalmente muito pelo "prazer" que existe na interpretação do ator. Você sempre faz referência à infância. Você até diz que ele deve atuar como uma criança, atuar como um rei, atuar como uma rainha. Eu me pergunto se, nas montagens, em obras tão trágicas como Les Atrides, há esse prazer. O prazer de atuar, o prazer da infância existe tanto em Les Atrides quanto em Noite de Reis, por exemplo?

A. MNOUCHKINE Lamento que os atores não estejam mais aqui para responder-lhe[7]. Muito sinceramente, acho que eles lhe responderiam que o prazer evidentemente é intenso. Porque a volúpia do sofrimento é até própria da tragédia. Mas, finalmente, você também pode se fazer a pergunta. Você realmente sente prazer quando assiste a histórias tão assustadoras? (Risos.) Sim, aparentemente. Eles também. O prazer do ator é o de ser outro, de viver o sofrimento do outro.

ACREDITO NA PEDAGOGIA DA MODESTA CÓPIA

ANNICK CHARLEBOIS Para voltar um pouco na formação do ator, você diz sempre: "Aprendemos com o olhar". No Québec, aprende-se muito pela prática.

A. MNOUCHKINE É a mesma coisa.

ANNICK CHARLEBOIS Sem dúvida, mas qual seria a natureza daquilo que se aprende pelo olhar?

A. MNOUCHKINE Há pouco, Simon falou de cópia. Acredito muito na pedagogia da modesta cópia. É uma pedagogia completamente oriental. Vou dizer que o começo da pedagogia, por exemplo, do topeng ou do kabuki ou do nô, é a cópia. O aluno segue o mestre e faz igual.

[7] Os atores tiveram de sair depois de duas horas, para se prepararem para a apresentação da noite.

Para nós, obviamente, não é a única pedagogia, mas, se há uma coisa que aprendemos, é não ter vergonha de copiar. E copiar não quer dizer caricaturar. Copiar é copiar de dentro.

Não basta copiar o processo ou o gesto, é preciso também copiar a emoção interna ligada ao processo ou ao gesto. Quando alguém experimenta um papel, se os outros atores ficarem lá dizendo "Ah, eu, quando for fazer, vou tentar fazer assim ou assado", eles não aprendem nada. Se olharem realmente o que está acontecendo, se olharem o outro, sem crítica, sem julgamento, com a maior abertura possível, então, se progride.

MICHEL VAÏS (CRÍTICO E JORNALISTA DA RÁDIO CANADÁ) Na entrevista coletiva que você concedeu na sua chegada, eu lhe fiz uma pergunta, que você respondeu de modo muito animado, e que dizia respeito ao apoio do Estado, do governo. Gostaria de saber qual lugar ocupa a Política, com "P" maiúsculo, no grupo. Vocês discutem os grandes temas políticos entre vocês? Isso é importante?

A. MNOUCHKINE Depende do momento. Vocês sabem, Émile Zola dizia que, se estivesse escrevendo um romance no momento do caso Dreyfus[8], ele não teria escrito *Eu acuso*. Ele admitia isso, e, falando dessa forma, admitia

[8] Ariane refere-se ao texto *J'acuse*, escrito por Émile Zola e publicado no jornal *L' Aurore*, em janeiro de 1898. O oficial francês de origem judaica Alfred Dreyfus foi acusado injustamente de traição e espionagem. A carta aberta de Zola, dirigida ao então presidente Félix Faure, era uma denúncia contra as omissões do exército francês no caso. (N. T.)

que, num processo de criação, é preciso proteger-se um pouco. Então, acho que, em pleno momento de ensaio, o que impera é o teatro. No momento das apresentações, temos mais tempo para investir nisso. Acontece, entretanto, que, na trupe, há pessoas que são de esquerda.

Houve, porém, conflitos que dividiram o grupo. Aconteceram coisas que poderiam ter sido muito graves e que se acertaram depois de um debate muito longo. Foi o caso de nossa viagem a Israel. Fomos convidados por Israel e nos foi solicitado, por todos os lados, que boicotássemos. Eu achava que tínhamos de ir, sobretudo porque apresentávamos *L'Indiade*, quer dizer, um espetáculo sobre a divisão indiana. Uma boa parte da trupe também achava que era preciso ir, mas havia dois ou três atores que diziam que não devíamos ir.

Então, isso poderia ter sido muito chato, porque poderia ter sido muito devastador. Mas foi bem resolvido. Escutamo-nos uns aos outros. Houve uma escuta. Devo dizer que o que contou muito em favor dessa viagem foi que os árabes que estavam na companhia naquela época queriam ir. E isso acalmou a discussão. Mas, se houvesse algum fanático no grupo, teríamos passado por uma crise muito grave.

Houve uma outra divisão relativamente forte na época da Guerra do Golfo. Quando isso aconteceu, decidimos que não nos deixaríamos levar pela discussão. Havia aqueles que achavam que era uma guerra necessária, e outros que achavam que não. A coisa ficou tensa.

Como nossa opinião não mudaria coisa alguma da Guerra do Golfo, houve um consenso em não falar mais disso no Théâtre du Soleil, porque é muito penoso, muito doloroso. E, além do mais, falava-se muita bobagem. Quando percebemos que dizíamos muita bobagem e que a coisa não funcionava mais baseada em conhecimento de causa, mas em opiniões, decidimos: "Chega! Podemos discutir à noite nos bares, mas no Théâtre du Soleil, vamos parar, porque isso não nos leva a nada".

Fica a questão do referendo sobre a União Europeia[9]. Aí estamos todos de acordo e muito preocupados.

NÃO SOU MUITO BOA EM MEDITAÇÃO

ESTUDANTE NÃO IDENTIFICADO
A linguagem teatral do Oriente baseia-se em toda uma cultura e uma espiritualidade que têm suas raízes na meditação. Você utiliza a meditação como etapa preparatória para a concentração e como um meio de o ator estar mais presente? A meditação pode servir como uma ferramenta para o ator?

A. MNOUCHKINE Isso é uma escolha individual. Sei que Niru e uma atriz do coro utilizam regularmente a meditação. Elas vão para um lugar onde meditam um pouco.

9 Referendo sobre o tratado de Maastricht. A França votaria 45% "sim" algumas semanas mais tarde.

Pessoalmente, não sou muito boa em meditação. Portanto, obviamente não poderia aconselhar que fizessem. Isso é o que chamamos de a cozinha de cada um. Cada um tem sua cozinha, sua necessidade. E há a necessidade coletiva. Existem coisas obrigatórias para todos: aquecimento físico coletivo, por exemplo. Os que precisam, antes ou depois do aquecimento, meditar, que meditem. Os que necessitam ir tomar um café, na cozinha, e falar com as pessoas que não encontram no palco, que o façam. Os que precisam dormir, que durmam. Os que necessitam praticar ioga, que façam ioga. Os que querem ler um jornal, que o leiam. Os que precisam jogar xadrez, que joguem xadrez.

ESTUDANTE NÃO IDENTIFICADO É um *pot-pourri*. Uma abordagem democrática.

A. MNOUCHKINE Não. Não é democrático. É completamente pragmático. Um ator pode ignorar que medita quando toma seu café sozinho no seu canto. (Risos.) E, se Juliana precisa dormir, isso quer dizer que ela necessita disso. Só não é permitido fazer algo que perturbe os outros. Se alguém quer gritar, tudo bem! Que vá do outro lado da Cartoucherie. (Risos.)

JIMMY FLEURY (ALUNO DA ESCOLA LIONEL-GROULX) Agora há pouco, você disse que é preciso ser mentalmente forte para entrar na trupe.

A. MNOUCHKINE Não disse isso. Foi alguém que disse isso.

JIMMY FLEURY Você utilizou a palavra "humilde".

A. MNOUCHKINE Também não fui eu, mas entendo. Admito.

JIMMY FLEURY Não há ninguém que empregue "humilde" do mesmo modo (risos e aplausos), gostaria, então, de saber o que você entende por "humilde".

A. MNOUCHKINE Bem, vamos ver (Ariane abre um dicionário que está à sua frente).

JIMMY FLEURY Não, com as suas próprias palavras. Como se define um ator humilde?

A. MNOUCHKINE Vou lhe dizer o que isso quer dizer. "Humilde". Espera! Isso, bom, isso não nos interessa em nada... "Humilde espera... vida humilde..." Não, não há nada de interessante. Mas, aqui, é o contrário. Humilde é o contrário de arrogante e orgulhoso. (Risos.) O que é necessário para uma trupe é saber que não se sabe nada. A historinha que contei daquele estudante de Estrasburgo que me disse "Mas, afinal de contas, eu terminei a escola!" Hein! É preciso saber que não é vergonhoso não saber; que é, porém, vergonhoso esconder que não se sabe; e que no teatro, antes de poder dizer realmente que se possui uma arte, é preciso tempo. De certa maneira, não se deveria dizer, quando se sai de uma escola, "Eu sou ator".

É preciso saber também que no teatro não se faz nada sozinho, que tudo é dado pelo outro. Que não se faz nada se não souber escutar, que não se faz nada sem receber. Que é sempre muito difícil de saber, num espetáculo, quem deu o quê, de onde veio o quê. E é necessário saber também que não se fica mostrando a si mesmo. Vocês são completamente apaixonantes como são. Mas vocês e somente vocês, num palco, não são nada apaixonantes.

Você só é apaixonante se chega com alguém, habitado por alguém, invadido por alguém, a serviço de alguém. Deveríamos saber que é, contudo, Ésquilo a pessoa importante. É ele que nos dá o pão cotidiano do corpo, no sentido material do termo, e da alma.

UM PÚBLICO É UMA JUNÇÃO DE HUMANIDADE NO QUE ELA TEM DE MELHOR

CLAUDE DESPINS (ESCOLA NACIONAL DE TEATRO DO CANADÁ) Há uma coisa que normalmente parecemos esquecer quando estamos entre pessoas de teatro, ou entre estudantes, é que trabalhamos para o público. Gostaria que você falasse do público, o que se deve fazer pelo público. Devemos agradar o público de todas as maneiras?

A. MNOUCHKINE Durante os ensaios, não se deve fazer nada para o público. Durante os ensaios, só penso no público para duas coisas: será que está compreensível? Será que está audível? Portanto, não penso no público.

Começo a pensar no público, aterrorizada, oito ou dez dias antes de estrear. Começamos realmente a pensar no público quando, com Maria e Selahattin, que cuidam do bar, nos perguntamos: "Bom, o que vamos fazer para comer?". Portanto, não pensamos no público.

Não acho que seja preciso agradar o público a qualquer preço. Não é uma pergunta que atores e diretores se façam durante os ensaios. Eles não dizem: "Será que vai agradar?". Eles dizem: "Será que isso me agrada?".

Só posso ter como critério a minha emoção, meu prazer, meu riso, minha dor. O milagre acontece quando isso corresponde, diretamente, ao riso, à emoção, ao prazer do público. A catástrofe é quando isso não corresponde. Mas, finalmente, como dizia Conrad, "podem me criticar, mas ao menos saibam que minhas intenções foram puras".

Não se deve pensar no público, a não ser em termos de polidez. Será que ele compreende? Será que está vendo? É sempre necessário nos colocarmos nessa posição antes de começar a trabalhar.

Mas, quando um espetáculo começa, quando as portas são abertas para o público, aí sim! Antes de nós, o público. Por favor, entre! Há apenas um pequeno encontro entre os atores e eu, um pouquinho antes de abrirmos as portas. Dizemo-nos duas ou três palavras e depois falo uma frase ritual: "O público vai entrar". E o público entra. Então, é realmente: "Atenção, o rei está entrando". É assim que ecoa. O público está entrando.

A partir do momento em que essa frase é dita, tudo deve estar impecável. Há uma solenidade. Não uma rigidez, mas uma solenidade. Não pode haver nem uma bituca no chão.

E o próprio público sobe a montanha. O lugar ajuda o público a subir a montanha. Além disso, como os lugares não são numerados, obriga-se esse público a chegar uma hora antes do espetáculo. É também uma astúcia para que o público tenha essa hora para se preparar. Se lhe pedimos esse esforço, é óbvio que se ofereça um lugar para fazê-lo.

Isso nem sempre é possível quando se está em *tournée*. É preciso compreender que, quando instalamos um local enorme como uma arena, ele não pode ser tão bem-acabado quanto a Cartoucherie, que é um local que nos pertence, onde moramos, no qual estamos há mais de trinta anos. Isso se chama respeito pelo público.

Um público é uma junção de humanidade no que ela tem de melhor. É raro. É extraordinário, seiscentas, setecentas ou novecentas pessoas que fizeram o esforço de virem juntas compartilhar um texto que, no caso, tem dois mil e quinhentos anos ou dez, não importa! Eles vieram alimentar-se. Alimentar a inteligência, os olhos, o coração. Portanto, é verdade que, durante um momento, o público é o que há de melhor. E é preciso que se faça de tudo para que ele aumente. Mas, durante os ensaios, não se pode pensar no público.

CLAUDE DESPINS E quando chega a estreia e nos damos conta de que o espetáculo não agrada ao público, o que fazemos?

A. MNOUCHKINE Não se pode mudar de público, e não se pode querer mudar o espetáculo. É preciso lutar. Isso raramente nos aconteceu, mas já houve de sentirmos que o público não embarcava tanto quanto esperávamos.

Aqui, por exemplo, a estreia de *Les Atrides* não foi boa. E, no entanto, foi uma apresentação muito bonita a de *Ifigênia*, mas com um público que permaneceu frio como um peixe.

Disse a Marie-Helène[10]: "Olha, eles precisam se adaptar". (Risos.) E, aparentemente, o público se adaptou.

Sei, por exemplo, que no espetáculo sobre Sihanouk o começo foi difícil. As pessoas não sabiam muito se gostavam ou não. Mas nós sabíamos que o adorávamos. E, nessas horas, é preciso resistir. É preciso defender seu espetáculo.

Se estivermos convencidos de que nossas intenções são puras, e de que o texto que defendemos vale a pena, então, é preciso resistir contra tudo. Nem falo das críticas. Essas, não devemos nem as ler. Mas com o público, é preciso resistir, resistir.

Dito isso, acho que é preciso resistir uma vez, duas, três, quatro, cinco vezes, mas, se isso continua, é preciso se fazer algumas perguntas.

Não é para transformar fracasso em triunfo. Quer dizer, é preciso saber colocar cada coisa no seu devido lugar. Como dizia Ghandi, "vitória e fracasso no fiel da balança", mas, se a sala estiver sempre vazia, talvez haja algumas coisinhas para mudar. (Risos.) Talvez tenhamos nos esquecido de abrir a porta. (Risos.)

DOMINIQUE DAOUST (DEPARTAMENTO DE TEATRO DA UQAM) Há pouco, você disse que entre os espetáculos se

---

10 Marie-Hélène Falcon, diretora do Festival das Américas e organizadora da ida do Théâtre du Soleil a Montreal.

perguntava qual era o futuro da trupe, que algumas vezes está remando contra a maré de tudo o que se fazia. Você falava também do amor e da poesia. Em certos momentos você é criticada por aceitar atores de todas as nacionalidades, o que torna a compreensão algumas vezes difícil. Eu me pergunto se isso faz parte do seu amor pela poesia, que é o de dar-se conta dessa corrente em que todas as pessoas se encontram, em que a Terra se torna pequena.

Aqui, as pessoas vêm de toda parte. Não temos o mesmo sotaque, mas nos compreendemos. O mundo se encaminha para isso. É como uma espécie de respeito pela vida, pelo amor que você tem pela vida. O que você responde às pessoas e aos jornalistas, ou aos críticos que lhe advertem sobre essa falta de homogeneidade, que torna a compreensão do texto difícil?

A. MNOUCHKINE Há duas coisas na sua pergunta. Quando me falam isso, aqui, eu digo: "É o sotaque francês que é difícil de compreender. Não é necessariamente o sotaque de Niru ou de Simon ou de quem quer que seja". Há pouco, alguém que tinha um forte sotaque canadense me disse: "É muito bonito, mas com o sotaque de vocês é difícil de compreender". Mas, na verdade, os atores têm pouco sotaque, muito, muito pouco.

DOMINIQUE DAOUST Então, na França, as pessoas notam menos.

A. MNOUCHKINE Não, na França, elas notam que há uma musicalidade, mas ninguém diz que é difícil compreender Niru, nem que é difícil entender Juliana. O fato de atualmente haver tantas nacionalidades na trupe, acho que é porque é um teatro francês, portanto é o reflexo exato da situação francesa. Espero de verdade que isso continue e que a França permaneça, apesar de todos os seus demônios, o país aberto que é. Faremos tudo por isso, de qualquer maneira. É, então, o reflexo de uma situação e não uma vontade pessoal o fato de ter pessoas do mundo inteiro, pois são elas que vêm.

Elas vêm seguramente por afinidade. Não vou buscá-las. Elas vêm à França e chegam até nós. E somos um teatro da França. Portanto, é normal que haja assim toda essa mistura. É nossa riqueza e é também a riqueza da França.

DOMINIQUE DAOUST Em breve você se apresentará em Nova York. Vocês se apresentam em francês ou em inglês?

A. MNOUCHKINE Não, não. Em francês. Defendemos nossa língua. (Risos e aplausos.) Apresentamos as montagens de Shakespeare em Los Angeles.

DOMINIQUE DAOUST E as pessoas responderam bem?

A. MNOUCHKINE Magnificamente. Acho que o teatro tem uma linguagem própria. Não diria que elas não percam alguma coisa. É sempre mais difícil numa outra língua, mas no teatro há normalmente uma parte que passa, quer se queira quer não, pelo jogo.

CHRISTOPHER PICKER (DEPARTAMENTO DE TEATRO DA UQAM) Sua trupe está baseada na durabilidade. Você tem como política que as pessoas possam entrar ou sair quando quiserem da trupe? Dizendo de outro modo, acontece com você, às vezes, de "dar um tempo", de parar, de se distanciar um pouco de sua trupe para depois voltar?

A. MNOUCHKINE Sim, eu me afasto, mas não para ir a outro lugar. Eu me distancio para retomar um pouco de força. Não faço outra coisa nesse momento. Me afasto porque estou começando a traduzir ou a trabalhar no próximo projeto. Como disse no começo, não me imagino fazendo teatro de outro modo. Mas que alguns atores, num determinado momento, têm necessidade de outra coisa, isso é óbvio. É o que ocasiona, de tempos em tempos, algumas partidas.

Retornos, aconteceram alguns, mas acho que, uma vez que saímos, é muito difícil voltar, a não ser que a saída tenha sido por razões financeiras.

CHRISTOPHER PICKER Você pensa em substituição ou você acha que a substituição se dá por ela mesma?

A. MNOUCHKINE Na substituição, sim, eu penso. Penso nela, me dizendo que seria bom se, durante um ano, alguém ficasse no meu lugar. Já houve situações em que isso aconteceu, mas, geralmente, quando uma substituição é possível, não é apenas o diretor de teatro que está nascendo, mas também o diretor de um grupo. É aí que a pessoa vai embora.

Por enquanto, salvo Philippe Caubère, que montou *Don Juan* conosco antes de partir, não há ninguém que tenha feito direção. Mas não está de todo excluído.

ACHO SUA PERGUNTA ASSUSTADORA

CHRISTOPHER PICKER Numa época cada vez mais videoclipe, em que a imagem tem privilégio sobre a palavra, sobre o texto, você acha que o público "normal", como você diz, ainda está apto a compreender textos como os de Ésquilo, de Racine ou de Shakespeare em apresentações?

Na leitura, podemos reler, recomeçar um texto, retomar uma réplica para tentar entendê-la, mas, após apenas uma apresentação, você acha que o público contemporâneo ainda está apto a compreender tudo? Pode-se compreender ainda hoje em dia a magia de Racine, a musicalidade nos versos de Corneille, assim como há duzentos ou trezentos anos?

A. MNOUCHKINE Acho a sua pergunta assustadora. Não é uma crítica dirigida a você, mas o fato de que você possa me fazer essa pergunta me deixa em pânico. Isso prova uma tal preocupação (no melhor dos casos), mas tamanho desprezo de apetite cultural, de apetite por beleza ou por inteligência por parte das pessoas (no pior dos casos), que digo para mim mesma que se, neste espaço onde estamos agora, perguntas deste tipo são feitas, então, estamos perdidos. Porque, se não estivermos aptos a compreender, de quem é o erro?

Então, é claro que o público está apto! O público, todas as noites, responde à sua pergunta. Cada vez que começa e termina *Les Atrides*, olho o público aqui, em Toulouse, em

Paris, na Inglaterra, nos países não francófonos, escuto e ouço o silêncio. E me digo que, todavia, é extraordinário. Numa época, como você mesmo disse, de videoclipe, de mediocridade, de preguiça intelectual total, de comerciais, oitocentas, novecentas pessoas são colocadas numa sala durante duas horas, duas horas e meia e elas escutam *Agamêmnon*, quer dizer, a peça mais difícil do mundo. Elas a escutam e choram. E, depois, ousa-se desprezá-las o suficiente para se perguntar se ainda estão aptas a compreender? São elas que estão aptas e nós que não estamos!

CHISTOPHER PICKER Talvez eu tenha me expressado mal. Eu quis dizer que, na nossa sociedade contemporânea, em que a imagem é cada vez mais importante, passamos normalmente pelas coisas de maneira superficial. As pessoas sempre têm a tendência a se concentrar menos. É verdade que há muita gente que vê seus espetáculos, mas você acha que é mais difícil agora atingir as pessoas do que era antes, numa época em que não havia televisão?

A. MNOUCHKINE Não sei. Eu não estava aqui há dois mil e quinhentos anos. Não sei como era. (Risos.) Tudo o que sei, é que não podemos ceder. Temos de resistir. É isso.

E o que me decepcionou profundamente foi saber que não se estudam mais nem grego nem latim no Québec. Acho isso catastrófico. E não entendo mesmo como um povo que defende o francês pode abandonar o grego e o latim. (Aplausos.) Isso me parece um erro. Estou de queixo caído. Eu pensei: "Como? Eles estão aí o tempo todo falando do francês e não estudam mais latim nem grego?". Isso é um abandono grave da soberania. É o abandono da soberania da língua, da origem da língua, da cultura. Mas lutem por isso, puxa vida! Em vez de perguntar: "Será que as pessoas ainda estão aptas?" (Aplausos.)

CHRISTOPHER PICKER É isso o que eu queria dizer porque, agora, fala-se muito do teatro contemporâneo do século XX, de teatro do Québec. Queremos fazer teatro quebequense, queremos fazer teatro do século XX, queremos fazer teatro dos anos 1980, dos anos 1990. Pois quando falamos de um texto clássico, de Corneille e de Racine dizem: "Ah, não! Isso não é bom, é passado, é velho. Isso não interessa mais. Não tem nada a ver com o nosso tempo". Mas você conseguiu, com sua direção de *Les Atrides*, atrair as pessoas. Isso está cada vez mais difícil. Não se ensina mais às pessoas a se esforçar, a se concentrar numa obra, a ver além da imagem.

OS CLÁSSICOS SÃO ATLETISMO INTELECTUAL

A. MNOUCHKINE O Québec não está sozinho nessa situação. Por que me deixei levar assim por essa história de latim e de grego? É porque temos essa corda no pescoço também na França. Felizmente, reagimos a essa situação. Mas, aqui, é ainda mais grave o fato de se ter abandonado esse ensino. Vocês falavam da facilidade, há pouco.

No entanto, é curioso que, nos locais onde se pratica tanto atletismo, não se faça também atletismo intelectual. Talvez seja isso, finalmente, os clássicos exigem atletismo intelectual.

RAYMOND NAUBER (DEPARTAMENTO DE TEATRO DA UQAM) Gostaria de ouvi-la falar do trabalho corporal do ator. Você falou de aquecimento. O aquecimento faz parte da preparação dos espetáculos ou é algo que vocês praticam o ano todo? Que importância você dá a isso? Quanto tempo você dedica a isso? E podemos falar de aquecimento ou de treinamento?

A. MNOUCHKINE Fazemos os dois. Quer dizer que cada espetáculo tem seu tipo de aquecimento. Vou dizer, por exemplo, que, para *Les Atrides*, antes da dança havia um aquecimento que era específico para que os atores simplesmente não sofressem um estiramento. Quando os atores fazem dois espetáculos seguidos e estão cansados, no dia seguinte o aquecimento deve ser mais leve e dirigido, preferencialmente, para permitir-lhes retomar as forças.

Aprendemos, porém, que é preciso que os atores sintam a ligação entre o que fazem e o espetáculo. Se os exercícios que fazem forem muito interessantes, muito úteis, mas não tiverem uma ligação evidente com o espetáculo, os atores se entediam rapidamente.

Então, presto atenção para que a associação com o espetáculo seja a mais evidente possível. Nem sempre é assim. Não vale a pena fazer tai chi, por exemplo, para representar Tchecov. Os atores não conseguirão... não no Soleil.

E depois é preciso prestar atenção para não se enganar com relação à natureza do aquecimento. Há coisas que são mal-empregadas. Arte marcial, por exemplo. Não é necessário que todos passem a meditar diante de um sabre. Há certos exageros. Portanto, é preciso estar atento o tempo todo. O aquecimento deve estar relacionado com o jogo teatral, com a metáfora teatral, sem que nos tornemos samurais japoneses.

SERGE BISSON Segundo sua experiência, como você percebe a situação dos autodidatas ao longo de sua carreira? Aqueles que, por exemplo, no tardio de suas vidas, estão muito velhos não podem entrar nas escolas propriamente ditas e, então, não recebem um ensinamento formal.

A. MNOUCHKINE Não consigo ver diferença. É engraçado porque você disse "aqueles que estão muito velhos", mas existem autodidatas jovens. De certo modo, pode-se dizer que somos sempre um pouco autodidatas e nunca totalmente autodidatas. Porque achar-se totalmente autodidata seria o mesmo que dizer que ninguém lhe ensinou nada. Espero que isso não seja verdade.

JOANNE SIMONEAU Não estou de modo algum ligada a teatro. Ignoro se um ator se prepara no silêncio antes de entrar em cena. Tive a oportunidade de ver *Agamêmnon* e de observar também a preparação. Devo confessar que fiquei absolutamente enfeitiçada pela maneira como os atores se preparavam no maior silêncio. Ignoro quanto tempo eles levaram para isso, se duas horas, duas horas e meia, mas os atores do Soleil preparam-se sempre no silêncio total antes de entrar em cena, qualquer que seja a peça? Isso tem alguma coisa a ver com a maneira como os atores se preparavam para entrar em cena há dois mil e quinhentos anos?

HÁ O MÍNIMO POSSÍVEL DE RUÍDOS INÚTEIS

A. MNOUCHKINE Os atores preparam-se antes da entrada de vocês. O público entra uma hora antes do início, e os atores já estão em seus camarins. Mas o tempo é diferente para cada ator. Há os que são mais lentos e que começam a se preparar ainda mais cedo. Juliana, por exemplo, chega ainda uma hora mais cedo. Simon chega só quarenta e cinco minutos antes.

Eles se preparam, digamos, entre uma hora e meia e duas horas antes do espetáculo. O que é engraçado é que você diz "no maior silêncio". Na verdade, não é o caso. Eles se falam entre si. Mas é verdade que eles se preparam com o máximo respeito.

Você teve a impressão de que reinava um silêncio religioso nos camarins. Reina um tipo de silêncio. Mas, quando os atores têm de conversar, quando têm algo a se pedirem entre si, eles o fazem. Quero dizer com isso que não há voto de silêncio, mas há o mínimo barulho possível.

Há o mínimo possível do "inútil": barulhos inúteis, palavras inúteis e diria, ainda, gestos e idas e vindas inúteis. Mas o que os atores têm de fazer eles o fazem. Caso tenham que ir tomar um copo de água, eles vão tomar um copo de água. Se têm de fazer xixi, eles vão fazer xixi. E, se precisarem dizer: "Será que você pode me emprestar isso?", eles o dizem. É verdade, no entanto, que um ator não perguntará ao outro se ele leu o jornal. Se o fizer, sabe que isso é um erro. Digamos que eles tentarão, na medida do possível, que tudo o que for feito, dito, esteja alinhado com a preparação deles mesmos e a do público.

Isso ocorre sempre assim, mas a atmosfera pode ser diferente. A atmosfera de *Les Atrides* é obviamente mais rígida do que a atmosfera de *L'Indiade*, em que os atores eram como o povo indiano. Havia mais familiaridade em relação ao público, enquanto em *Les Atrides* se ignora muito.

JOANNE SIMONEAU Deveria ter escolhido a palavra "recolhimento", em vez de "silêncio".

A. MNOUCHKINE Sim, é isso. Eles precisam disso.

SERGE OUAKNINE Gostaria de voltar à questão da voz e que você relatasse duas experiências.

Um ator africano, um dia, deu um grito durante um ensaio. E, no momento de seu grito, vi a savana, vi a paisagem. E perguntei-lhe: "Você teve a imagem da savana no seu grito?". E ele me respondeu: "Sim, eu a vi".

Assisti, depois, a um espetáculo de uma companhia que talvez você conheça, a Roy Hart[11]. Eles se movimentam muito mal. Não fizeram nenhum trabalho oriental. Não têm nenhuma desenvoltura corporal, mas, quando entoam suas vozes, nós vemos. Se fecharmos os olhos, teremos as imagens.

Minha pergunta é a seguinte: você pode imaginar um teatro onde não se tenha movimento, em que o movimento se dê pela dimensão vocal e não pela caligrafia do corpo?

A. MNOUCHKINE Sim, posso imaginar tudo, mas o que eu gostaria de conseguir é juntar as duas coisas. Não vejo por que seja preciso privar-se de um ou de outro. E as imperfeições que você observa no nosso teatro não estão ali de propósito. Não que eu queira me privar de um aspecto; acontece que, por enquanto, não conseguimos fazer tudo.

Não quero me privar do movimento e não quero me privar da voz. Não quero me privar do texto. E não quero me privar da música. Não quero me privar de nada. (Aplausos.)

CHANTAL COLLIN Para voltar à questão da formação do ator, gostaria de lhe fazer uma pergunta. O que você acha de uma observação como: "Sua atuação é pequena demais. Falta amplitude, volume"? Ou, então, o contrário: "Está excessivo, recolha, recolha a emoção, isso precisa ser contido"? O que você acha dessas observações que se fazem sempre aos atores?

A. MNOUCHKINE Depende. Se está pequeno demais, está pequeno demais. Não acho que eu formularia assim, mas compreendo o que o seu diretor quer dizer.

Quanto a "está excessivo", compreendo muito bem. "Recolha", também compreendo muito bem. "Controle, controle". Isso são coisas ditas quando tudo está muito rápido. Isso não quer dizer nada. Mas "recolha", sim. "Centralize", sim. Eu não digo isso, mas falo: "Atenção, o copo está transbordando".

ESTUDANTE NÃO IDENTIFICADO Gostaria de lhe fazer uma última pergunta. Há pouco, você disse que o texto é o que há de mais importante naquilo que você faz. Gostaria de saber como é possível que, no Québec, atualmente são os diretores que ocupam todo o espaço.

Vamos ver uma montagem de André Brassard, vamos ver uma montagem de Alice Ronfard. Soube, por exemplo, que vocês aceitaram vir, antes mesmo de saber qual texto apresentariam. O que você acha, então, do fato de os diretores ocuparem tal espaço, depois vêm os autores e, por fim, os atores?

A. MNOUCHKINE Tem de ser um de cada vez. (Risos.)

ESTUDANTE NÃO IDENTIFICADO Sim. Mas num espetáculo, numa peça, no teatro, como você dizia há pouco, uns necessitam dos outros, é um todo.

---

[11] O Roy Hart Theatre é um centro de formação, localizado em Cévennes, na França. Seu fundador, Alfred Wolfsohn, na Alemanha do começo do século XX, escutando os "sons" dos agonizantes no front durante a Primeira Guerra Mundial, decidiu explorar os limites da voz. Um de seus discípulos, Roy Hart, desenvolveu métodos e técnicas descobertas em Londres e depois na França.

O IMPORTANTE É QUE O PÚBLICO VÁ AO TEATRO

A. MNOUCHKINE Sim, mas, finalmente, será que é grave que você tenha ouvido dizer que, primeiro, era um espetáculo meu? Será que o que conta é isso ou o espetáculo?

E depois vou lhe dizer: o que acho mais importante é que o público vá ao teatro. E que, efetivamente, quando ele for, ele não veja simplesmente uma direção de Ariane Mnouchkine, mas que ele veja realmente *Ifigênia, Agamêmnon, As Coéforas* ou *As Eumênides*.

Mas concordo um pouco com você, me faz rir um pouco quando vejo escrito num cartaz "direção do senhor X" e com o mesmo peso do título da peça. Isso me perturba. Gosto quando vemos em destaque o nome de Molière e a "direção" esteja menos evidente. Talvez os diretores se enganem, porque são eles que dizem que é assim que deve ser.

É como para os atores. Não gosto de ver "fulano em...". Por quê? São os "ridículos", no sentido que se dava à palavra no século XVIII [*sic*][12].

E, vou confessar, minhas intenções são puras.

---

12 Ariane refere-se à expressão *"personne ridicule"*, pessoa ridícula, mais precisamente à locução: *"Tourner quelqu'un en ridicule"*, colocar uma pessoa em situação ridícula para gozar dela. Na tradição francesa, seria mostrar as taras e os excessos humanos para provocar riso. Um bom exemplo disso é a peça *Les précieuses ridicules* (*As preciosas ridículas*, de Molière, escrita no séc. XVII). (N. T.)

O THÉÂTRE DU SOLEIL NO SESC SÃO PAULO

A primeira vinda do Théâtre du Soleil ao Brasil foi um grande acontecimento originado na capacidade visionária de pessoas que combinam esforços em prol da causa artística e do desejo de compartilhar com o público inéditas aventuras cênicas.

A convite do Sesc São Paulo, com o especial empenho do diretor Danilo Santos de Miranda, e de dois festivais de teatro, Porto Alegre em Cena e FIBA – Festival Internacional de Buenos Aires, na Argentina –, a icônica companhia de Ariane Mnouchkine atravessou o Atlântico para apresentar o espetáculo *Os efêmeros* em 2007 e, em 2011, *Os náufragos do Louca Esperança*, quando passou também por Porto Alegre, Rio de Janeiro e Santiago, no Chile.

Para onde vai, o Soleil, como é carinhosamente chamada a companhia, procura levar não só espetáculos, mas todo um aparato que possibilita vê-los do modo mais próximo ao seu espaço na Cartoucherie de Vincennes, nos arredores de Paris. É dizer que na bagagem, além de cenografia, instrumentos, figurinos, adereços e equipamentos, entram também parafernálias além-cena, inerentes à preparação da experiência teatral nos moldes de Mnouchkine – utensílios de mesa e cozinha para elenco e equipe prepararem e servirem comida ao público, expositores de madeira onde os espectadores podem consultar materiais de pesquisa sobre a peça, toda a estrutura dos camarins, que ficam expostos a quem quiser observá-los, as arquibancadas com seus estofados especialmente concebidos para compor o espaço etc.

Como bem observa o jornalista e pesquisador teatral Valmir Santos, quando escreve sobre *Os efêmeros*, o espetáculo "compreende não só a cena, mas sua órbita". Seu relato preciso compartilha o ritual:

Assim que chega [ao espaço], o espectador caminha até uma das duas plateias, leste ou oeste. Escolhe um lugar, retira o adesivo com o número do respectivo assento e o cola no ingresso. Livre-arbítrio. Antes do início, pode-se ir ao bar comprar pratos feitos pelos próprios integrantes do Soleil. No intervalo, a demanda é maior e convém paciência. [...] O ato de comer agrega. A ambientação inclui mesas retangulares de madeira e bancos longos, em conformação que coloca um comensal de frente para o outro. Toalhas, velas, aroma dos pratos, fundo musical, tudo envolve a todos[1].

De fato, a arte teatral agrega público e o ato de ir ao teatro é a cultura do encontro, das trocas entre pessoas, da reflexão conjunta. E Mnouchkine, por entender a importância da arte e da cultura teatral, atua tanto como diretora de teatro, de espetáculos teatrais, como diretora do teatro, do espaço no qual se apresentam os trabalhos da companhia e de artistas convidados.

Para dar conta de cada detalhe, na sua primeira viagem ao Brasil a caravana veio completa. Composta de uma carga de doze contêineres e uma trupe de 61 pessoas, entre diretora, atores, técnicos, músico, cenógrafo, figurinistas, assistentes, produtores, relações públicas e administradores. Um volume considerável de gente e equipamento em se tratando de produções teatrais contemporâneas, marca da resistência e persistência de uma trupe que há mais de 50 anos se dedica exclusivamente a servir ao teatro.

A chegada do Soleil e suas duas semanas em cartaz já constituíam um marco tanto para o público quanto para os envolvidos no trabalho e os profissionais da área, além dos integrantes da companhia, que há muito esperavam pela ocasião de se apresentar na América Latina e, em especial, no Brasil. Para completar o caráter ímpar do acontecimento, reiterando a efemeridade do teatro, em São Paulo foram acolhidos no Sesc Belenzinho, na época já não mais uma unidade provisória, mas em obras para a construção de suas instalações definitivas.

Em comum com a Cartoucherie, que antes de se transformar em um complexo de teatros e ateliês de criação havia sido uma fábrica de cartuchos, há o fato de as antigas instalações do Sesc Belenzinho terem sido a Tecelagem Moinho Santista. Ambos locais se somam a tantas outras antigas fábricas espalhadas pelo mundo que, depois de desativadas, transformam-se em espaços inauditos de arte e cultura, passando por experiências únicas de construção e adaptação arquitetônica.

O exemplo mais icônico dessa transposição de uso em São Paulo, aliás, é o do Sesc Pompeia, inaugurado em 1983. Durante os nove anos que durou

1 Valmir Santos, "Soleil une emoção e consciência do mundo", in: *Folha de S.Paulo*, caderno Acontece, 20 out. 2007.

sua restauração e adaptação, a arquiteta Lina Bo Bardi literalmente se instalou com suas pranchetas no centro do espaço, que permaneceu aberto ao público, oferecendo programações de exposições e espetáculos, permitindo a ela a observação do fluxo de seus frequentadores e da experimentação de seus usos. Projeto e programa foram desenvolvidos juntos, enquanto destacava elementos brutos da antiga fábrica de tambores metálicos, Bo Bardi ia deixando espaços livres para circulação e usos múltiplos, para a seu turno receberem as pessoas e moldarem e definirem a continuidade da obra.

Esse modo processual de concepção arquitetônica do Sesc Pompeia aproxima-se da essência do teatro, pois se funda justamente no que acontece entre obra e público. A teatralidade e a *arquiteturalidade* são, em última instância, qualidades de embate, que ocorrem justamente em um espaço entre dois. Entre público e atores, entre corpos e espaço, numa relação de constantes trocas, de coexistência, de afetos.

O entendimento da definição do espaço como processual, além de sua constituição coletiva e em sintonia com as experiências de seus frequentadores, permanece um dos pilares que seguem orientando as dinâmicas de expansão do Sesc na cidade e no estado. São várias as unidades do Sesc que antes de passarem por obras de construção ou reformas existiram como unidades provisórias: Belenzinho, Santo Amaro, Avenida Paulista, 24 de Maio e, mais recentemente, Parque Dom Pedro II e Campo Limpo. Cada uma à sua maneira, essas unidades tiveram seus usos experimentados pelo público e foram revelando suas vocações.

No caso específico do Belenzinho, seus espaços provisórios acolheram exposições memoráveis, como *Macunaíma Oxalá Mário de Andrade*, com curadoria de Ricardo Muniz Fernandes, *Que Chita Bacana*, idealizada por Renato Imbroisi, com projeto expográfico de Janete Costa, e *Circovizinhança*, do fotógrafo Gal Opido, que registrou e trouxe para a área externa do Sesc, o bairro e seus moradores. Sob a batuta da inventiva gerente Elisa Americano Saintive, os antigos galpões da fábrica foram sendo adaptados para as exposições e para receber espetáculos de música, de teatro, de dança e de circo. Durante seis anos, a unidade provisória, instalada entre as ruas Álvaro Ramos e David Zeiger, atraiu frequentadores de diferentes partes da cidade e cativou o público da região, transformando seus arredores e a vizinhança.

A instalação do Soleil em seu canteiro de obras coroou o caráter experimental do processo com uma ode ao teatro, mais especificamente a um tipo de teatro de companhia, especialmente cultivado na cidade de São Paulo, e marca um pensamento, aponta um desejo. As camadas de memória contribuem para a constituição do espaço, que por ser de cultura e arte, é poroso aos acontecimentos, às propostas artísticas, ou melhor dizendo, ao que de mais essencial o sustenta – seu conteúdo.

Para além do período da instalação da trupe e das apresentações do espetáculo, incluindo a programação de encontros, mostra de filmes e oficinas, permanecem as narrativas do acontecido. Assim, temos relatos, artigos e a história imaterial, maleável, contada por múltiplas fontes. Ficam marcadas as pessoas que por ali passaram, as que ali quiseram estar, as que trabalharam no projeto, no entorno e na instituição. A empreitada ultrapassa os limites do tempo e espaço para se instalar no precioso lugar da memória e imaginação.

Do lado da companhia, a expectativa em vir para o Brasil datava de longa espera. A produtora Ruth Escobar havia tentado trazê-los para o Festival Internacional de Teatro, em 1997, e conversas haviam avançado com o Festival de Teatro de Curitiba, mas não foi possível concretizar esses planos. Tampouco faltaram brasileiros apaixonados pela companhia contribuindo com uma aspiração enorme para que eles aportassem por aqui. Teatrólogos, atores, diretores, críticos e amadores do teatro que acompanham a longínqua aventura do Soleil, na condição de público, de estudiosos ou de algum modo participando da companhia. Em especial, o minucioso produtor João Carlos Couto, envolvido desde a primeira tentativa de trazer a companhia a São Paulo, em 1997, com o espetáculo *Et soudain des nuits d'éveil*, e responsável pela produção de *Os efêmeros* e *Os náufragos do Louca Esperança* na cidade. E a genial atriz brasileira Juliana Carneiro da Cunha, esposa de Ariane Mnouchkine, atuando no Soleil desde 1990, quando entrou para fazer o papel de Clitemnestra em *Ifigênia em Áulis*, de Eurípedes. A soma de tantas vontades e a paciência são provas cabais de que a força do teatro move montanhas e atravessa oceanos!

A chegada da trupe pela primeira vez ao Brasil foi, portanto, muito comemorada e *Os efêmeros*, recebido com bastante entusiasmo pelo público. O espetáculo surgiu da vontade de se aproximar da vida cotidiana dos atores, de suas memórias de fatos íntimos, dos momentos de alegria compartilhada. Eles haviam saído de um período intenso com o espetáculo precedente, *Le Dernier Caravansérail* (2003 a 2005), contando histórias duras, do périplo de migrantes, refugiados, viajantes, fugitivos de fanatismos e outras dificuldades – afegãos, paquistaneses, iranianos, iraquianos, povos do Leste da Europa – que atravessavam países até chegarem à "Selva de Calais", esperançosos de cruzarem o canal da Mancha e aportarem na Inglaterra.

Depois de um período de quatro anos mergulhados nessas árduas epopeias, os atores pareceram florescer em suas micro-histórias, nos fatos que marcaram suas vidas pessoais, condensadas em cenários móveis, bem próximos do público. *Os efêmeros* é, de certa forma, a contraface de *Le Dernier Caravansérail*. Ou uma outra perspectiva de olhar, despertada por histórias cotidianas com as quais haviam se confrontado no processo anterior.

Em *Caravansérail* Mnouchkine inaugura o uso de praticáveis sobre rodas em seus espetáculos, em cima dos quais ficam os cenários e os atores, que entram e saem de cena empurrados por atores/manipuladores. Essas manobras permitem que a cena seja afastada e aproximada do público, girada, contraposta a outras cenas. Uma inspiração da linguagem cinematográfica, com o uso de zoom e distanciamentos que conduzem o olhar do espectador. O mesmo recurso foi usado em *Os efêmeros*, porém, em uma nova configuração – uma passarela central pela qual as cenas se desenrolam nos praticáveis sobre rodas. Arquibancadas dos dois lados completam a ambientação, molduradas por fios de lâmpadas a iluminar discretamente os rostos da plateia, fazendo com que quem está de um lado perceba, em segundo plano, quem está do outro. Nesse sentido, a concepção do espaço convida não só à imersão na cena, mas à experiência de ver com o olhar do outro. Quem vê a peça não fica apenas na situação de espectador, mas se torna uma espécie de testemunha que "suporta" a criação, como diria Tadeusz Kantor, e torna-se responsável por sustentar a construção real e imaginária que se materializa à sua frente.

Ao apostar em uma cena mais íntima, o espetáculo marca uma guinada na história da companhia, tradicionalmente conhecida por montagens épicas. O tema partiu de uma reflexão da diretora, ao indagar o que cada um faria se a Terra fosse atingida por um asteroide e todos desaparecessem. A ideia do asteroide foi deixada de lado, mas ficou a noção do efêmero e de como aproveitamos nosso curto tempo de existência.

Os 35 atores, acompanhados pelo músico e compositor Jean-Jacques Lemêtre, se revezam em diferentes papéis, compondo uma sequência de 27 cenas curtas, que giram em torno de 15 histórias cotidianas, divididas em dois atos. No decorrer das mais de sete horas de espetáculo acompanhamos as pequenas sagas de cada personagem, em fragmentos que vão formando um mosaico de variados sentimentos. Nas palavras de Valmir Santos, "é uma obra que não tem vergonha da emoção, mesmo a mais desbragada, no limite do melodrama." E acrescenta que a reflexão política, traço marcante do Soleil, "se dá por meio das células pessoais que alcançam o plano universal"[2].

Seja nos espetáculos, seja na programação do teatro ou nas ações em que se engaja, o posicionamento político da companhia é um ato ético, movido pelos ideais humanistas defendidos pela diretora que reivindica o "estar no presente", o que se refere ao entendimento de presença dos atores em cena: no Soleil, ter presença cênica é uma questão de conexão com o tempo, espaço e contexto. O crítico Sérgio Salvia Coelho escreve sobre o espetáculo enfatizando que "o tempo é (sua) matéria-prima", visto que "ninguém

---

[2] Valmir Santos, "Inventário do presente", *in*: revista *Cavalo Louco*, n. 3, p. 40, Porto Alegre: Tribo de Atuadores Ói Nóis Aqui Traveiz, nov. 2007.

se apressa no palco, até o banal se tingir de mistério: aprende-se a ver"[3]. E no teatro, aprender a ver é ao mesmo tempo aprender a estar junto.

Se a primeira vinda da companhia ao Brasil foi marcada pelo encantamento de uma grande parte do público que nunca havia visto uma de suas apresentações ao vivo, quatro anos mais tarde, quando retornam com o espetáculo *Os náufragos do Louca Esperança*, multiplica-se o número de pessoas que disputam ingressos para ver uma das 15 apresentações realizadas em São Paulo. O espetáculo foi também para o Chile, no Festival Santiago a Mil, para Porto Alegre, dentro da programação do festival Porto Alegre em Cena e para o Rio de Janeiro, graças aos esforços da produtora Maria Julia Vieira Pinheiro.

Novamente acolhida no Sesc Belenzinho, dessa vez já pronto e em pleno funcionamento, a companhia se instala em uma lona especialmente montada na parte externa. Maior unidade do Sesc em termos de área construída, o Belenzinho segue as premissas do Sesc SP, oferecendo um programa artístico multidisciplinar, atividades esportivas, educacionais e atendimento odontológico, além de acolher o público em seu restaurante, sua biblioteca, suas áreas de leitura e seu espaço para crianças. E impressiona. A equipe do Soleil foi especialmente tocada pela transformação do espaço e pela abrangência das ações que beneficiam um público de todas as idades, democratizando o acesso a bens culturais para uma importante parcela da população.

Ao lado do espaço onde se apresentam, um sem-número de pessoas circula, a piscina enorme recebe um público altivo e de todas as idades, grupos de crianças são atendidos a cada dia por monitores que conduzem atividades socioeducativas, alunos de diferentes faixas etárias frequentam as salas de ginástica e uma rica programação artística é distribuída nos andares do prédio. Se na primeira vinda do Soleil a gerente Marina Avilez precisou habilmente montar uma equipe provisória e providenciar toda a infraestrutura para as instalações de cozinha, restaurante, lavanderia, banheiros, bilheteria e logística em geral, na segunda foi a vez de integrar a companhia à estrutura efervescente da unidade. Assim, o restaurante foi preparado para poder servir ao público, na chegada e no intervalo da peça, um cardápio desenvolvido em conjunto com a companhia. E o fluxo de frequentadores da unidade foi se misturando ao fluxo do público que chegava para assistir à companhia francesa.

É nesse ambiente preenchido de gente, bastante diferente do canteiro de obras de quatro anos antes, que o Soleil nos leva a uma viagem à França de 1914, tomada pelos eventos que antecedem a Primeira Guerra Mundial. Trata-se de uma peça dentro da peça, ou melhor, de uma peça sobre a produção de um filme, quando o cinema ainda engatinhava. A história, criada pelos artistas da companhia e parcialmente escrita por Hélène Cixous, é baseada

---

[3] Sérgio S. Coelho, "Tempo é a matéria-prima de peça do Théâtre du Soleil", *in: Folha de S.Paulo*, caderno Acontece, 2 out. 2007.

em um livro póstumo de Júlio Verne, *Os náufragos de Jonathan*. A obra de Verne conta a saga de um grupo de pessoas que, no fim do século XIX, sai da costa Oeste dos Estados Unidos em busca de vida nova, rumo à África. Um acidente com o barco, porém, leva-os até uma ilha da América do Sul. Um lugar inóspito, longe das regras vigentes, onde terão a chance de criar uma "sociedade ideal", sem classes e com novos valores.

No espetáculo do Soleil, um cineasta socialista se instala no sótão de um restaurante parisiense e convoca funcionários e frequentadores para realizarem um filme mudo, destinado a propagar a ideia de uma sociedade fraternal. A ação do filme se passa entre 1889 e 1895: um navio que, zarpando de Cardiff, afunda na passagem do Cabo Horn. No meio do inverno no sul da Terra do Fogo, o grupo heterogêneo de náufragos, formado por socialistas utópicos, prisioneiros e notáveis, encontra-se isolado e tem a chance de estabelecer um novo contrato social, que alguns deles acreditam ser o crisol de seus sonhos e ideais.

A produção desse filme, que pretende ser uma fábula política, começa no dia do atentado ao arquiduque Francisco Ferdinando em Sarajevo, em 28 de junho de 1914, e termina no dia seguinte ao assassinato de Jean Jaurès, 1º de agosto de 1914, quando eclodia a Primeira Guerra Mundial. A conjunção das duas datas e duas histórias, além do cruzamento entre teatro e cinema, e o sopro de esperança que atravessa esse confronto de dois eventos, de duas épocas, fazem desse espetáculo uma sobreposição de utopias.

Mais uma vez Mnouchkine, para quem a utopia não é o impossível ou irrealizável, mas sim sonho ainda não concretizado, empenha-se em cultivar a imaginação do público com uma história movida por ideais de igualdade e solidariedade entre as pessoas. A frase final do espetáculo resume essas utopias dos náufragos do filme, da equipe de cinema, das pessoas do restaurante e da trupe do Soleil: "Nestes dias de escuridão, temos uma missão: trazer aos navios que vagam no escuro o brilho obstinado de um farol".

A montagem, que posteriormente virou filme, é também uma homenagem à sétima arte, com a qual a diretora sempre flertou, tanto inspirada por seu pai, Alexandre Mnouchkine, que foi um grande produtor de cinema, quanto atuando como cineasta, sendo corroteirista de *O homem do rio* (1964), indicado ao Oscar, e diretora de *Molière* (1978), indicado à Palma de Ouro. O filme *Os náufragos do Louca Esperança* estreou no Brasil no CineSesc em 2013, dentro da programação da Mostra Internacional de Cinema de São Paulo, e marcou um animado reencontro do público com a companhia em torno da peça que, a seu turno, tratava de cinema.

Não resta dúvida que essas passagens da companhia e da diretora pelo Brasil marcaram nossa história teatral. Mnouchkine é considerada uma das grandes criadoras do teatro mundial, com um longevo e consistente percurso artístico que atrai para a companhia artistas e técnicos de todos os continentes. Ela segue surpreendendo o público com montagens grandiosas e compartilhando, com plateias de diferentes gerações, seu amor à arte teatral. Soma-se, desse modo, a tantos artistas de teatro do Brasil, que se dedicam com afinco ao ofício e dividem sua paixão com os mais variados espectadores, de norte a sul do país, em grandes centros e nas periferias.

Mas é sobretudo na sua função de diretora do teatro que vale nos atermos. Pois o teatro abrange mais que a obra sobre o palco. O teatro é, por um lado, o espaço de criação artística e de apresentação de espetáculos. E, independentemente da escala, necessita de uma estrutura de produção e manutenção – marcenaria, ateliê técnico, almoxarifado, lavanderia, ateliê de costura, espaço de ensaio, escritórios de administração e produção. Por outro lado, o teatro é o espaço de acolhimento do público, e para tanto precisa de disposição apropriada – bilheteria, hall de entrada, espaço para fila de espera, bar, restaurante, banheiros, serviço de informações etc. O teatro é um microcosmo com uma dinâmica bem específica, lugar de encontro, de trocas efetivas. Em um bioma equilibrado, o teatro tem o que precisa para que a obra teatral aconteça com o público adequadamente atendido.

Mas o que é preciso para que o teatro funcione de modo pleno e potente? Em primeiro lugar, de uma equipe dedicada, que em linhas gerais e na maior parte dos lugares é conduzida pela tríade que compreende direção artística, técnica e administrativa. A direção elabora o programa pensando em seu público e empenha-se em comunicá-lo da melhor maneira. Para tanto, elabora textos cuidadosos, organiza encontros de apresentação do programa e disponibiliza informações e materiais complementares para que as pessoas possam se preparar do melhor modo possível para assistir às peças. O cuidado se estende à recepção do público, desde o momento da reserva do ingresso até sua chegada e permanência no espaço. Assim, atenta-se para que o acontecimento seja uma rica experiência de trocas efetivas, com o entendimento que tudo que orbita no espaço, em torno do espetáculo, faz parte do teatro e propicia a fruição da obra. Todo real teatro constrói e cultiva sua comunidade de artistas, técnicos e público, e é natural que seus diretores e equipes cuidem para que a cada noite uma verdadeira e genuína troca aconteça. Pois teatro é arte do encontro, e acontece tanto no ínterim palco-plateia quanto no teatro-comunidade. Em outras palavras, teatro é casa e não hotel. É espaço dotado de histórias que se acumulam, lugar no qual entramos, como artistas ou público, respeitando suas regras e sendo recebidos por seus guardiões.

No caso do Soleil, o cuidado com o público é visível em cada detalhe, da atenção na venda de ingressos às flores que decoram as mesas, passando pela composição do cardápio do bar e restaurante. A equipe se desdobra para dar atenção a todos e, sobretudo, para escutar e trocar impressões com o público e os artistas durante os intervalos e ao final das apresentações, com uma taça de vinho em mãos, no balcão do bar ou em uma das mesas espalhadas pelo salão. Não é, portanto, de se espantar que a direção do teatro esteja junto ao público, como boa anfitriã, assegurando o andar da carruagem, pois estar presente é premissa básica da arte e cultura teatral.

Talvez por estarmos pouco acostumados a essa experiência mais ampla tenha reverberado tanto no Brasil, junto ao público e aos profissionais da área, o fato de ser a própria diretora Ariane Mnouchkine quem organiza a fila do público, recolhe ingressos, orienta para que todos cheguem a seus lugares e dá informações gerais. Como mulher de teatro, ela não abre mão de tais nobres funções, pois possibilitam manter contato visual e perceber o público. Na Cartoucherie, é também ela quem abre a porta e dá as boas-vindas aos que chegam e, junto a uma equipe extremamente atenciosa, cuida de cada detalhe para que as pessoas se sintam muito bem consideradas.

Há mais de trinta anos a vigilante Liliana Andreone desenvolve um sistema de dados com as informações de cada frequentador, de modo que ela sabe quais espetáculos cada um assistiu, em qual data, acompanhado de quem, e ainda tem anotações de detalhes preciosos que possibilitam um profundo conhecimento de quem é, afinal, o público do Teatro do Soleil. Sempre calma e sorridente, ela circula como uma antena, atenta aos mínimos detalhes. Maria Adroher e Sylvie Papandréou cuidam dos ingressos e da orientação ao público na entrada; são elas também que explicam o sistema de fila de espera, pois mesmo com as vendas esgotadas sempre tem gente que arrisca a sorte até o último momento para conseguir o lugar de alguém que não compareceu. E vale a pena, pois Mnouchkine se desdobra para colocar o maior número de pessoas para dentro, espremendo onde pode e não deixando escapar um só assento vazio. A comida é preparada e servida coletivamente pelos artistas e técnicos, rigorosamente testada e controlada pela diretora.

Todo esse cuidado reflete a importância de se cultivar o público, de interagir com ele e fazer com que o teatro tenha um sentido comunitário maior e se expanda a partir da obra em cena. Um precioso exemplo a se imitar, no sentido mnouchkiniano da palavra, ou seja, a se reconhecer. Esse talvez seu maior legado para nós, contribuindo a seu modo para o enriquecimento da nossa cultura teatral.

ANDREA CARUSO SATURNINO
Pesquisadora, curadora, produtora artística e doutora em Artes Cênicas pela Universidade de São Paulo.

SOBRE A AUTORA

Josette Féral é professora do Departamento de Teatro da Universidade do Québec, em Montreal. Dedicou-se a numerosas publicações sobre a representação teatral e a teoria do jogo cênico na Europa, nos Estados Unidos e no Canadá. Principais estudos: *La culture contre l'art, essai d'économie politique* (1990), *Théâtralité, écriture et mise en scène* (no qual foi coeditora com J. Savona, 1995).

CRÉDITOS
ICONOGRÁFICOS

pp. 7, 8: Vaucluse-Martin
pp. 10-11, 12-13, 32, 62-63, 69, 89, 94, 95: Martine Franck (Magnum)
pp. 42, 50, 51: Josette Féral
pp. 129-133, 137a: Nílton Silva
pp. 134-136, 137b-143: Isabel D'Elia
pp. 145-151: Alexandre Nunis
pp. 152-159: Ed Figueiredo

LES
ÉPHÉMÈRES

No Sesc Belenzinho, em São Paulo, quando ainda era unidade provisória, a chamada de *Les Éphémères*, espetáculo do Théâtre du Soleil realizado em outubro de 2007.

O Sesc Belenzinho, ainda em construção, acolheu uma grande tenda de lona que fez o público experimentar a sensação de estar na Cartoucherie, sede do Thé**âtre du Soleil em P**aris.

A companhia teatral de Ariane Mnouchkine, uma trupe de setenta pessoas, desembarcou na América Latina trazendo a Cartoucherie na bagagem: onze contêineres com mais de 200 toneladas de equipamentos, incluindo todo o cenário, a iluminação e as arquibancadas, que formam um corredor cênico por onde se desenrolam as histórias que compõem o espetáculo.

Nos camarins, abertos à visitação do público, os atores se preparam para um espetáculo que dura sete horas e meia. Eles passam por cinco horas de preparação e, às vezes, fazem a própria caracterização sozinhos; noutras, um ajuda o outro em detalhes mais complexos.

Eles se vestem, se maquiam, ajeitam perucas e adereços, e depois permanecem ali em silêncio, lendo, ouvindo música. A riqueza dos camarins é, por si só, um espetáculo.

A música também chama a atenção. Executada ao vivo por Jean-Jacques Lemaître, músico e compositor do Théâtre du Soleil, ela acompanha e marca de forma profunda e sensível todo o espetáculo.

Plataformas em forma de círculo ou retângulo deslizam pelo corredor cênico. O espetáculo é composto de 29 pequenas histórias construídas a partir de lembranças ou vivências pessoais de membros da companhia, incluindo Ariane.

A única brasileira do elenco, formado por 25 nacionalidades diferentes, é Juliana Carneiro da Cunha, que integra a companhia desde 1990. Em *Les Éphémères* ela atua em sete papéis diferentes.

A dramaturgia épica, os grandes cenários e os contextos políticos aparecem diluídos para que um universo muito íntimo possa vir à tona.

O movimento das plataformas – realizado pelos atores que não estão atuando naquela cena e assumem, desse modo, o papel de contrarregras – confere um caráter inusit**ado à ence**nação.

Os ingressos para as apresentações esgotaram-se em menos de três horas, e *Les Éphémères* foi encenado para cerca de seis mil espectadores numa temporada de duas semanas. Na plateia, Fernanda Montenegro e Jefferson del Rios.

Para Ariane, "Comida é comunhão", e assim o Théâtre du Soleil apresenta, na arena montada no Sesc Belenzinho, um minirrestaurante organizado pelos atores, que preparam a refeição e a servem aos espectadores. Fernanda Montenegro conversa com Ariane Mnouchkine durante esse momento de comunhão.

OS NÁUFRAGOS DO LOUCA ESPERANÇA

A unidade Belenzinho do Sesc São Paulo recebeu, em outubro de 2011, o espetáculo *Os náufragos do Louca Esperança*, do Théâtre du Soleil.

Uma grande tenda foi montada no Belenzinho para emular a experiência do público na Cartoucherie.

Os ensaios evidenciam a grandiosidade do espetáculo que virá.

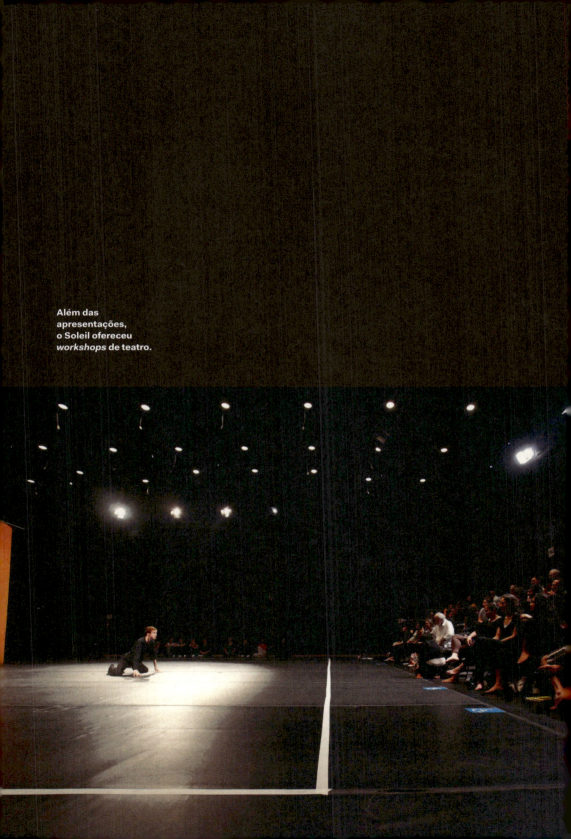

Além das apresentações, o Soleil ofereceu *workshops* de teatro.

Bate-papo do público com Ariane Mnouchkine.

A preparação dos atores, aberta ao público, começa duas horas antes do início do espetáculo.

A dimensão grandiosa do espetáculo fica evidente nestas cenas.

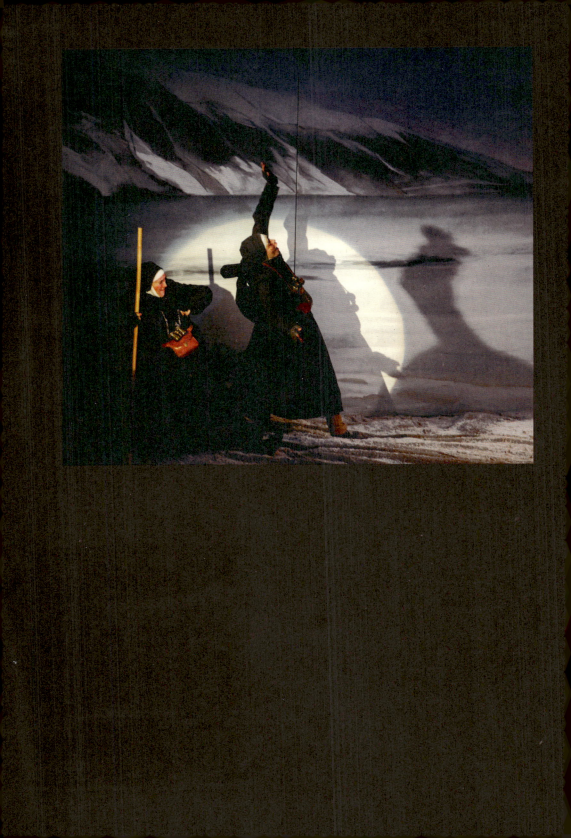

Fontes **Separat, Amalia Pro e Fakt**
Papel **Pólen Bold 90 g/m²**
Impressão **Elyon Soluções Gráficas Ltda**
Data **Maio de 2021**